诗心兰韵

刘诗兰——著

吉林人民出版社

图书在版编目（CIP）数据

诗心兰韵／刘诗兰著 . -- 长春：吉林人民出版社，
2023.8

ISBN 978-7-206-20408-1

Ⅰ.①诗⋯　①刘⋯　Ⅱ.①小学语文课-教学研究
-文集　Ⅳ.①G623.202-53

中国国家版本馆 CIP 数据核字（2023）第 175232 号

诗心兰韵

SHIXIN LANYUN

著　　者：刘诗兰
责任编辑：孙　一
出版发行：吉林人民出版社（长春市人民大街 7548 号　邮政编码：130022）
印　　刷：四川科德彩色数码科技有限公司
开　　本：880mm×1230mm　1/32
印　　张：8　　　　　　　　　字　　数：180 千字
标准书号：ISBN 978-7-206-20408-1
版　　次：2023 年 8 月第 1 版　　印　　次：2023 年 8 月第 1 次印刷
定　　价：68.00 元

如发现印装质量问题，影响阅读，请与出版社联系调换

诗兰的笃行致远

谭兰霞

    整整一个月，我都陶醉在《诗心兰韵》里，说爱不释卷，一点也不为过。我与诗兰老师初识于她的语文课堂，聆听了她的精彩语文课，深交于 2018 年 10 天的长春名师骨干培训会，成为同学，相交甚欢，后期则在她主持的宜章小语工作室的公众号上"经常相见"，见证了她为宜章县小学语文的倾心付出。她一心扑在小学语文教学与研究上，而我在县教师发展中心致力于教师培训工作，会定期代表中心邀请作为小学语文首席专家的她给教师培训授课。同在宜章小城，经常相互交流，我读过诗兰不少文论，算是对她了解甚多，知道她做文章和做人一样认真、得体。这回是批量地读 16 万字，不时有惊喜，也会拍案叫绝，那情那景，好多年没这样享受了。恰在这时，诗兰邀请我为其书写序。能为我们宜章本土专家写序，我欣然命笔。

    在教育界，有思想的教师，越来越少了。诗兰正是那越来越少里面的一个，很了不起！于我们女教师而言，因家庭、工作原因，想要做出一番成绩来，往往比男教师要付出更多的时间与精力。诗兰深爱语文，坚守语文教学一线30载，且乐于奉献，把职业当事业，才有了这本书的厚重。

但凡是书，都有最基本的感情基调，《诗心兰韵》也不例外。诗兰的成长始于家庭，家庭赋予她教书育人一辈子的精神财富，似大山里的山泉，四季不枯。开篇的四章，当列入"苦难的童年"。可她多次跟我说："苦难不苦！"她嚼出淡淡的清甜，一如贱长的丝茅草，那根，越咀越有味，这便是生活！宝剑锋从磨砺出，一点不假，要是没有当年的历练，哪来今天的笃行致远？我要说的是，虽然当年诗兰生活贫困，但她的精神一点也不贫乏，如果说爱是一笔宝贵的财富，那么完全可以说诗兰是爱的大富翁。她的奶奶、父母、伯伯、堂兄，给予她的都是取之不尽、用之不竭的人间大爱。这爱，滋润她各个年龄段，又反哺她的学生。难怪孩子们那样黏她，难怪同事们那样爱戴她，难怪后生晚辈一个劲儿叫她刘妈妈、刘妈咪。这爱称，是那样甜心，是那样悦耳，令人眼馋，谁说不是呢？

二

推门听课，是谁发明的？无从考证，在学校，是常态，为的正是研课议教。诗兰是娴熟的，打从她的师傅那时起，这已经就是常态，只不过她比师傅更执着，更入迷。我也从《淡淡的茉莉》满口香了一回。每次评课，诗兰从不留情面，好就是好，不好就是不好。当然，她不轻易用这个"好"字。她高举理论的大旗，庖丁解牛一般，条分缕析，于细微处见真章；以学生为本，注重学法指导，于细腻处见真爱；以读促情，注重读中感悟，于情境中悟真情；以生促师，关注生之学情，于共鸣中明真意。细致入微，不单主讲的老师口服心服，连一同参与大型教学研讨的同事与领导都纷纷点赞。

诗兰是甘于寂寞的人，当老师的她，从不眼红外面的喧嚣与浮躁。要不，怎么能够一出手就这么多好文章？

诗兰主持的宜章小学语文工作室，依照计划，有序地开展教科研活动。这个平台，引领人，培训人，提升人，成就人，团队里藏龙卧虎，好些人我都认识，是她搭的桥，有的甚至成为我的忘年交。我记忆最深的，数城南中心小学的彭勇，帅小伙，一米八的个头，和诗兰一样，有思想，有智慧，有高度，有个性，随笔写得行云流水，想不喝彩都难。

三

教无定法，新课程改革以来，教师们的创新热情空前高涨，这模式那模式层出不穷，令人眼花缭乱，于是生出"不管白猫黑猫，捉到老鼠就是好猫"的经典。诗兰独立潮头，推陈出新，时而"口语交际训练在其他课型中的课堂教学新模式"，时而"习作策略单元教学模式初探"，其中最令我津津乐道的是"依托三类课型，有效推进整本书阅读教学模式初探"。这些模式，操作性强是其显著的特点。在宜章本土，个个模式都被运用得风生水起。

诗兰似乎忘了总结，随笔模式才是她践行最久，最见功底的模式。她任教的班级，学生读书必提笔，或眉批，或圈点，密密麻麻的，她把这称之为"把一本书读厚"，恰好印证了她的座右铭："把一本书读薄需要功夫，把一本书读厚更需要功夫。"每个学年，她都致力于这种功夫的言传身教。

教学随笔是非常宽松的文体，她的奇思妙想，她的待人接物，她的言谈举止，她的教育情怀，都尽收其中。一路走来，止不住求知的脚步，方知"无限风光在险峰"之内蕴。

四

看得出来，诗兰是有故事的人，这故事可以上溯到她的童年、少年、青年、壮年。壮年正值丰收的大好时节，她仍笔耕不辍，乐此不疲。

读"师徒结对的故事"，我每每手不释卷，连做梦都在品味故事里的人物，故事里的细节，常品常新，可谓百读不厌。《我与90后教师彭勇的故事》，有因有缘，顺理成章，都是"1+X"的功劳。举一反三，极似孵鸡崽，一窝一窝的，看得眼饱。撒下一粒种子→长出一株嫩芽→摘下一颗果实→收获一份成长→燃起一份希望，像钟军清老师这样的历程，好多老师有过，只是没有烙下印记。兰晨曦老师念念不忘"成长路上的那盏灯"，追光而遇，沐光而行的则是谭江平老师，这样的老师还有很多，笔尖上的花朵，数不胜数。夜深人静的时候，故事的脚还会走进梦里，甚至会踩皱满脑海碧波。

五

"老刘又下水了！"大呼小叫的都是诗兰的弟子，在每一堂作文课上拼作文，是诗兰作文课堂古色古香的人文景观，这景观从她英姿飒爽上讲台，到华发丛生写春秋，可谓年代久矣。

写下水作文的人，越来越少矣。知情人说，当初好多识水性的人，鱼翔浅底、自主沉浮之后，便销声匿迹了，他们满足于眨眼的千古绝唱，满足于昙花一现的叹为观止。很快就厌了倦了，舍"江"而去。而水性不太好的，浅尝辄止上了岸，做了看客，生怕呛水而一命呜呼。诗兰一直恪守初心，从写《我最喜欢的汉字——赢》起笔，与学生同步，将童心、童真、童趣撷捺得力透纸背，妙趣横生，和好酒贪杯的人一样，醉它个三年五载终究不悔。

从学生的视角妙笔生花，最忌讳的是老成持重。"不像，不像！"一旦学生们嚷了，便失去了本真，失去了榜样的作用，一切努力，都是徒劳！诗兰是扮什么像什么的人，一届届的孩子，都是她的铁杆粉丝，都是读着她笔下的汉字长大的，也都成了她的真传弟子，"这就是幸福"。当大家渐渐明白"成功在于尝试"的时候，一纸毕业证书，凝成"楚河汉界"，始觉《关爱无处不在》当真不虚。

正要搁笔的时候，漫话老刘的人叩响了心之门，习作中的老刘约我促膝，毕业生眼中的老刘也不甘落后，家长心里的老刘呢，大嗓门震天响，我只好重拾金边眼镜，审视诗兰踩出的深深浅浅的脚印。因为她的笃行致远，我和我的文朋教友都一时难以超越，是为序。

二〇二三年七月十日

（作者系湖南省宜章县教师发展中心副主任，全国模范教师，全国"三八"红旗手，湖南省特级教师。）

目录

CONTENTS

附录：漫话老刘

第一篇

感悟家庭

　　童年的人和事，对我的性格及人生观、价值观的形成产生了极大的积极影响。那些人和事潜移默化地建构着我的精神世界。天命之年，回忆童年的一幕幕，父亲、母亲、伯父、二哥、三哥……这些生命中重要的人，他们的信念、对生活的积极态度成了我一辈子的精神财富。小小山村里的历练让我从小学会了坚强，即使生活充满了各种挑战，我依然选择积极面对。

被迫的 70 后独生子女

　　1974 年农历二月二十九，一个女婴用响亮的哭声，在宜章县莽山瑶族乡昌脚村发表了稚嫩的宣言。老二终于有后了，是个女孩！

　　我家与远房堂哥为邻，他从来趾高气扬，一副飞扬跋扈的嘴脸。堂嫂有事无事，好站在我家厨房的窗口，指桑骂槐，奚落我父母没有本事。在那好无厘头的谩骂声中，我出落得亭亭玉立。大约十年光景，远房堂哥的老四又接过他父母的"活"，继续在那轮番表演，招来路人围观。我忍无可忍，冲出厨房，与高我一大截，且五大三粗的所谓的"侄子"开启一场"敌强我弱"的决斗。我年纪小，个子小，力气更小，自然打不过他。我不示弱，如一头猛虎横冲直撞，样子蛮骇人。也许是我的不管不顾，激怒了对方，他左右开弓，导致我的鼻子殷红一线，脸也肿如坩包，身上挨了三五拳。好奇怪，居然感觉不到疼，反而觉得酣畅淋漓。或许是压抑久了，宣泄之后，便轻松了好多，也就没有把吃亏当回事。过后，好想得到父亲的赞许，毕竟为父母争了一口气啊！父亲翻了个白眼，劈头盖脸一顿批评后，语重心长地说："真正解决问题的方式不是打架，而是让内心强大起来。"我听不懂，也不可能懂，但那句话牢牢地扎在了心底。父亲教我如何分清楚是非，我再也没有打过架。我有了自己的念想，走自以为是的"强大"之路。我不再偷懒，别人玩耍我学习，别人学习我加压。五年级时，学校就一个县级三好学生指标，班主任首选我，我成了学校的唯一，那是努力学习换来的甜蜜。好读书，读好书，读书好，浮躁的心日渐平静下来，心胸广阔了好多。祖母竖大拇指，夸："少年老成了!"然也。

思想的果子终于熟透了，得益于学习的熏陶，行动的成熟就是思想成熟的必然结果。我夜夜在磨刀石上磨镰刀，磨出锋利无比的刃。五点半就爬上了后山，我最拿手的是割草，"唦唦"声过后，绿茵茵扎堆成线，不到半小时一担畚箕装满了，是那样蓬松有型，满得看不见竹条。小伙伴眼馋刀的锋利，争着换刀。也曾请教过我装草的方法，我都乐于分享，可是他们不管怎么学都无法超越我，这着实让我沾沾自喜了许久。我至今也不明白我的方法有什么绝妙之处，只觉得掌握一门绝活也是挺享受的。割草回来，收拾完毕我再去学校上学。下午放学回家我还要去山上背一捆柴回来，每捆柴都有五六十斤，于我而言真的是轻而易举的。柴是我每周日上山砍好的。每到周日，我就带上钩刀，早早来到村后的梅子山，穿梭于松树之间。中饭自然是不回家吃的，母亲装一茶缸的饭让我随身带着，最上面放一层萝卜条或酸菜之类的，我能把一大茶缸的饭全部吃完，而且至今我都觉得那饭菜真算是人间的美味了。吃完中饭，我就开始把松树枝细小的枝叶去掉，变成一根根柴棍，然后用山间天然的藤条绑成一捆捆柴。当下午把二十几捆柴一字儿摆开的时候，村里的乡亲都惊异：一个五年级的孩子，怎么会有如此大的能量，这都是成年人才能做到的呀!在众人的惊慕中，我享受到了来自成年人的赞许。而我，总会凝视着被晚霞染红的梅子山，心中的满足感油然而生。每天下午放学，我就可以轻松地背一捆柴回家了。至此，家里垫牛栏的草，烧火用的柴，都是我包了，父亲与母亲在村里也有了一点点的自豪感。

除了割草与砍柴，最让我记忆犹新的就是"双抢"了。关于"双抢"，只有参与过的人才能感受到它的"魅力"。所谓的"双抢"，就是抢收抢种，即七月份要赶紧收割完早稻，紧接着插完晚稻。一般的说法是插完晚稻过"八一"。"双抢"正是暑期，我自然成了双抢的主力军，其实最大的原因还是因为家中只有父亲一人鼎力，且年事已高。三亩二分田，就成了我们全家的"战斗场所"，而我，一个尚未成年的女孩成了"双抢"中的主要劳力。收割早稻，去的时候要挑一担牛粪，去到田里先割稻子，随后用小型的打禾机给稻谷脱粒，由于父母体力都不行了，我就时常一整个上午踩打禾机，到响午回家吃饭时，又要挑一担满箩筐的谷子回家，及时地放到晒谷坪上摊开晒好。吃完中饭后，气都来不及喘一口，又是挑着一担牛粪出发，天天都这样循环往返，一直到天黑才能回家。每天晚上躺在床上，觉得手脚都不是自己的。这都不算什么，最让我刻骨铭心的累有两件：一是在田里劳作的时候，本来阳光灿烂的天空，忽见黑云密布，感觉山雨即刻就要到来，于是丢下手中的活儿，以最快的速度从田间往晒谷坪跑，一定要赶在山雨来临之前把晒得快干的稻谷用箩筐装好挑进屋里。莽山是山区，田间离晒谷坪有半里的距离，当我气喘吁吁跑到晒谷坪的时候，那山雨仿佛就要袭来，于是就拼命地扫谷子，然后用簸箕把谷子装进箩筐。这个过程中，灰尘、汗水夹杂着焦急的心情，感觉可让人窒息。赶得快，谷子不会淋到雨，如果慢了一步，雨就无情地给谷子洗了个澡，要是后面几天雨纷纷，沤几天就长芽了，就只能做猪饲料了。最让人哭笑不得的是，当你全部收好后，山雨又不来了，还得立即把谷子从箩筐里倒出来，拉平，继续晒，再继续回到田间收割或插秧，这种感觉估计没有体验过的人是永远无法体会的，我至今记忆犹新。二是每次天黑了的时候背小型打禾机回家，我要把打禾机拆开，先背轮子。轮子有齿，不好上肩膀，于是用稻草垫于肩上，颤颤巍巍地背回家，随后返回田间背打禾机的身子。由于力气不够，我得把部件拆开分两次背回家，一个打禾机我就需要三次蚂蚁搬家似的搬回家，那疲劳的程度可想而知，我真的也因此流泪过，太累了！小学毕业时，我考上了宜章四中。在四中，我度过了一生中最青涩但又最难忘的初中生活。也是在这里，我的教师梦开始启航——考上了湖南省东江师范。

回首我的童年，我会情不自禁地想到高尔基的《童年》，当然，我的童年比起阿廖沙来说，还是没那么悲惨。因为在我的童年生活中，我是不缺"爱"的：我的祖母给我的爱是满满的，我的父母即使不能给我很好的物质生活，可是我从他们的身上能够体会到涓涓细流般的疼爱，还有我的伯父伯母、堂哥堂姐，都给了我无私的关爱。我的苦难多半来自外面的和体力上的，因此，从来没有觉得这是一种苦难，反而觉得为我的人生积累了一笔巨大的财富。因为童年时期的长期体力劳动，我拥有健康的体魄，练就了坚韧不拔的性格，遇到任何困难都不退缩。罗曼·罗兰说：累累的创伤，是生命给你最好的礼物！凡是让你痛苦的，皆是来成就你的。童年时期打下的性格与体魄的基石，为我之后的工作带来了许多便利，从这层意义上来说，我真的很感激童年时代的这段岁月。

父母的坚守

　　"雾绕半岭欲遮眼，霞穿山脊拨云见。山谷隐约见两屋，白墙青瓦是故乡。"我的故乡昌脚，就是莽山一个美丽而名不见经传的小山村。它的美丽会让你联想起陶渊明笔下的世外桃源，当然，这样的美，我也是在工作多年后，回家乡才渐渐感悟到的。工作之前的日子，迫于生计，忙于生活，根本无暇顾及山村的自然与朴素的美。而我父亲与母亲对这个叫"昌脚村"的村子自然是热爱的。父亲与母亲原本响应号召做下乡知青，一直在莽山林管局工作，后来呀，母亲说是祖母叫他们回到这个小村子的。于是他们二话不说就回到了村里，我也由莽山林管局的子弟变成了地地道道的农二代。父亲、母亲回到村里，没有下乡知青的任何矫情，很快适应了每天日出而作，日落而息的农耕生活。在那个物质相当贫乏的时代，即使父亲与母亲再勤劳，日子还是过得紧巴巴的，但是父亲与母亲心中始终有一个坚定的信念，那就是无论生活怎么艰苦，一定要送我读书，要把我送到外地去，接受比较好的教育，这一信念的坚守，在他们艰苦的生活中体现得淋漓尽致。

　　想方设法赚钱送我读书，这是父亲做一切事情的动力。在20世纪70年代的农村，赚钱渠道真的是太少了，但是父亲从来都不觉得，只要不怕苦，不怕累，路子总是有的。他首先想到的是贩卖小样商品，因为我们这里与广东交界，针头线脑短缺，他会出一些小样商品走路到那地方的小山村去卖。

父亲一天要走 80 里路，出发的时候天还没有亮。莽山有大片的原始森林，特别是在 20 世纪七八十年代，树木真的是遮天蔽日。到湖广交界的地方去卖，必须穿越莽莽丛林，父亲丝毫不惧怕，每次泰然自若地去，安然无恙地回。年幼的我，对于父亲的胆识一直是仰慕的，成年才明白，父亲也不是天生有胆识，一是生活所迫，必须面对很多自己不愿面对的东西。其实，人就是在面对各种不愿面对的事物中成熟的。二是长期生活在山林中，每天与大自然相处，人与自然已经有了一个很舒服的相处方式，这也是我为什么每次回到莽山老家，感觉一草一木都亲切的原因吧。父亲早出晚归，每次回来的收获不尽相同，有时候一天有三块钱的收入，多的时候有五六块，对于那时候来说，已是一笔巨款了。这些"巨款"每次回家都会"住"进一个木质的盒子里，懂事之前，我是没有机会看它的真面目的，但我知道，有这么一个神圣的地方是我不能触碰的。父亲就这么执着地为我攒读书的钱，他做的每一件事，仿佛都是为了能增加收入。我不知道父亲的木盒子是不是能够"日渐丰满"，但是明显感觉到他的日益消瘦。1989 年，他生病了，很严重的肺病。我那时年纪小，根本不知道父亲的生病会给我带来什么，在宜章四中读初二，每个月才回家一次，甚至感觉不到父亲已经生病了，只是突然发现父亲用钱好像比以前大方一点了，我成了村里第一个戴电子手表的人，还是第一个穿"的确良"衣服的人，当我沉浸在自我小满足的时候，父亲其实已经病入膏肓了。回想起那一幕，我真的很自责：为什么自己那么粗心，发现不了父亲的诸多不适，为什么不能陪在他身边好好地聊聊天？然而，每个人都会有很多遗憾的事，当岁月走过，我们在成熟的过程中才会渐渐地减少遗憾。这一心境，也直接影响了我成为教师后对待学生的态度。学生来自不同的家庭，其智力、成长环境的不同，所呈现出来的学习状态也是截然不同的，每个人的学习能力也千差万别，受父亲留给我一生的遗憾的影响，我得以平静地对待每一个学生，尽可能放最大的耐心去教育他们，关心他们。因为每个孩子的花期不同，我们在静待花开的同时，还要为孩子们提供"花开"的充足阳光与雨露。我总是告诫自己，孩子的成长没有彩排，永远都是现场直播，不能在教育的路上留下太多的遗憾，因为我深深地知道，很多遗憾一旦留下，是无法弥补的。

父亲终究没有战胜病魔，在我还有一个月就要中考的日子，他带着对家人的万般不舍，离开了这个世界。我的世界也因此坍塌了，家里没有了顶梁柱，真的黑暗极了。我印象最深刻的是，在父亲的葬礼期间，我那位每日喜欢谩骂我的所谓的侄子竟然对我落井下石。直至今日，我仍然不能释怀，我攥紧的拳头微微颤抖，想冲上去打他个天昏地暗，可是，我还是咬着牙忍住了。因为我记住了在父亲面前立下的誓言——永远不打架，要让自己变得强大起来。我把眼泪吞进了肚子里。在送父亲上山的过程中，我觉得自己成长了许多，那是一种很清晰的成长——自己有了很明确的成长方向，那山那水也随之明朗起来。

父亲离开后，母亲接过了送我读书的担子，而母亲的坚守比父亲更艰难。一个农村妇女失去了丈夫，还要养家糊口，何等不易！母亲唯一的经济来源就是养猪，每年可以卖两次猪，村里的乡亲都觉得奇怪，为何母亲的猪就比他们养的长得快一些呢？当年没有任何加工饲料，喂的是猪草。我知道，母亲是用真心去养的，猪长得快，就可以多换钱，就可以让她的女儿完成学业。那时在农村，很多孩子因为付不起学费而辍学，哪怕学习成绩再好，无力负担学费不得不放弃学业。母亲把养猪当作助力我奔赴前程的唯一途径，怎能不全力以赴？别人一天三次喂猪，母亲喂四次，还拼命地种红薯作为猪的食物，并把猪圈打理得干净整洁，以至于猪出栏的时候，我们家的猪是最受贩猪老板的欢迎的。我时常想，我们家的猪是幸运的吧，碰到母亲这样如此精心照料。在母亲的坚守中，我顺利地读完了初中，还读完了师范，求学的过程中从来没有因为学费而发愁过，这都源于父亲和母亲的坚守。因为父亲与母亲的坚守，我对于"坚守"有了更深的认识。其实，坚守就是认定一个目标，然后朝着这个目标去努力，即使中途有再多的"荆棘"，也可以去铲除。这一思想意识的形成，对我日后的教学工作有很深的影响：在教育学生的过程中，我总会有意识地去培养学生坚持不懈的精神。学习本来就是一件枯燥的事，能真正把学习当作一件快乐的事的学生比较少，我就在语文课堂中，在平常的言行中渗透这种思想。每次开家长会，我会跟家长讲我小时候的成长经历，我的父母并没有用很高深的理论知识来教育孩子，但是他们却用了言传身教这个最朴实的方法，让自己孩子形成了正确的人生观，所以我班里的学生做什么事情都能够自始至终。能用自己的言行去感染学生，这也是我教书育人感到最欣慰的事。

我双目失明的二哥

伯父与父亲成家后一直没有分家，这个大家庭，极其和睦。二哥是伯父的二儿子，三岁失明。二哥失明的原因，我是从母亲的口里得知的。当年，二哥得了痢疾误吃了一服药，然后眼睛就渐渐看不见了。由此，二哥成了双目失明的人。二哥因为双目失明而改变了人生轨迹，每次想到这一点，我总是唏嘘不已。

二哥失明后，就靠拄着拐杖走路。从我记事起，二哥的手里就永远有一根拐杖。二哥的拐杖其实就是一根竹棍或者木棍，它成了二哥的"眼睛"。那时我很喜欢二哥的拐杖，因为二哥一年四季都用它，所以磨得特别的光滑，我经常在二哥不用拐杖的时候，拿来当玩具，挥舞拐杖，每次都会被母亲呵斥。母亲对二哥关爱有加，大概是因为她亲眼见证了二哥由一个健康的孩子到残疾的过程，她教育兄弟姐妹要多帮助二哥。二哥一生未娶，母亲的教育很有效，我们都尽最大能力去关爱他。他得病的时候，我和三哥找最好的医生给他治疗，特别让人感动的是，这种做法延续到了下一代。二哥在 2019 年患了癌症，我们负责找医院，找医生，由大哥的儿媳妇全程护理，终于康复出院。二哥是幸运的，生在有爱的家庭。

我之所以对二哥有很深的感情，那是因为我的童年和少年跟着二哥奔走于莽山的山水之间。二哥虽然双目失明，听觉和触觉却异常灵敏，他能独自上山砍柴、割草、能把木材根根背回家。他还能通过触摸辨别出人民币的各种面值，每次购物，他能准确地拿出钱给商贩，还能准确计算出补的钱数，并迅速确认补的钱是否正确。我相当崇拜他，总是问二哥："你是怎么辨别出来的？"二哥只是说："多摸摸就知道了。"二哥双目失明，按道理什么地方都没有办法去，可是二哥可以走村串巷，每个村民的家，他都能够准确无误地找到，没事的时候，他会与村民拉拉家常。条条巷子，甚至是邻村，他都能摸索着走去，只需要一根拐杖。我一度怀疑，问母亲，二哥的眼睛应该是看得见的吧？母亲总会怒斥我，我及时闭嘴，疑惑一直存在着。我会不经意间试探二哥的眼睛，有时候，我会故意在他面前放一个竹篮，当二哥马上要碰到竹篮时，我飞一般拿开竹篮；二哥吃饭的时候，我故意把菜端开，害得二哥夹空……后来，我最终相信了二哥看不见东西——一个冬日，二哥照例上山砍柴。每次去砍柴，家里人也不用担心，到了点他就会把柴火背回家，可是那一天，过了晚上八点二哥都还没有回家，家里人心急如焚，打着火把满山去找，翻遍整个后山都没有找到。正当大家揣测发生了什么意外的时候，有村民发现了二哥，他是爬回家的，右腿满是鲜血，脚踝处还拖着一个夹子，用"血肉模糊"来形容也不为过。看着血肉模糊的二哥，我哭了，原来二哥平常的"行动自如"，是经历了无数次这样的重复，是无数次摔倒换来的。从那时起，二哥的人生，在我心中有了我那个年纪少有的悲凉，一服药怎么就能剥夺二哥的光明世界？在这种悲凉的心境中，我看到了二哥对待人生挫折的坚韧。直到现在我才明白：只要你执着于一件事情，专注地去做，总能做出不一样的成果。二哥其实并没说过这些道理，我却在他的身边耳濡目染，形成了我的性格，以至于连带出不一般的教师。这个简单的道理，也是我知天命时才悟出来的。教师是一个特殊的职业，我们每天都面对学生，尽管换了一届又一届，我们的教学却在不停地重复着。教学内容改变不大，但只要我们用心去做，效果就截然不同了。我每教一届学生，既看重教学内容的基本相同，也重视每届学生的个性特点，以及家庭情况的不同，即使做着重复的事，也能在重复中不断地创新，把教语文做成很快乐的事。这就是我始终不愿意放弃语文教学的原因——二哥的言行正在影响着我这个人民教师，这是二哥从来没有想到的。

那时，我与二哥相处的时光多半在暑假，我跟着二哥学会了挣学费。捞河沙最有赚头，由于建筑行业的兴起，河沙的需求量供不应求，二哥带我去捞河沙，一方卖 7 到 8 元钱，我被这一行当深深地吸引，认为这是一个绝好的赚学费的方式。还没有天亮，河边总能看到我与二哥的身影。二哥说天气热，必须去得早，捞河沙才不会太辛苦。刚从河里捞出来的河沙还渗着水，边走边漏，挑到河岸边，堆成一个土丘，我走在二哥的前头，当他的"眼睛"，他再也没有摔过跤了，我们把沙子推成一个个长方形，便于买沙的人测量。我和二哥在河道里穿梭，从上游到下游，每一处都留下了我们的脚印。在烈日的暴晒下，汗水浸透了一套套衣服，头发根都是汗水，可是，我从来没有感觉到累过。有了这样的经历，我在教语文的过程中，总能活用教材教语文，运用语文教做人，时时刻刻灌输理想信念的教育，让孩子们的一切行为都有内驱力，始终有目标。我还给他们分期定目标，不让他们因为长远的目标达不到而气馁。

二哥如今六十又八，不再上山砍柴、割草、背树、挑河沙，年轻时积攒下来的汗水钱，加上政府补贴的五保户资金，成了他养老的保障。岁月已经在他的脸上刻上许多痕迹，饱经风霜的脸上有了更多的宁静。每每回老家，我总会买上他喜欢吃的食品，安静地坐在他身边，摩挲着他那根无比光滑的拐杖，一起回忆当年的各种苦力活，总觉得是在不断地细数着我的精神财富。我希望二哥能颐养天年，也希望自己语文教学的扁舟永不停航……

生命中的那盏灯

　　人的一生，总会有那么一个人，出现在你的生命里，让你的生命变得与众不同，有了他，你的生命变得绚丽多彩，你会发自内心地感叹：感谢有你！在我的生命中，就有这么一个人，他就是我的三哥，我人生的导师——生命中照亮我前行的那盏灯。

　　三哥是伯父的小儿子，在男孩中排行第三，便成了我的三哥。我们是堂兄妹，认识我们的人，没有人觉得我们是堂兄妹，而是亲兄妹。我也以有这样一个呵护我的三哥而感到无比幸福。

　　童年的美好回忆里，总有与三哥在一起度过的快乐时光。农村的生活单调而朴实，我是三哥的跟屁虫，因为他年纪比我大，他就是我心中的依靠，他到哪里，我就跟到哪里。小孩子就是喜欢跟着大孩子，大的孩子却往往想甩掉小孩子，这里无关乎喜爱与讨厌，只是小孩的一种相处模式。记忆最深的是暑假跟着三哥去看露天电影，露天电影是乡村孩子的最爱。莽山地处偏僻，几乎与外界隔绝，人们只能从为数不多的露天电影中去"看"外面的世界与"风景"。看电影，三哥总是跑得挺快，一溜烟就看不到人影了，我为了能跟着他去，总是细心地听大人们议论晚上哪个村子里有电影放，悄然观察二哥的行踪，我基本能紧跟其后。去某个村子看电影，要过一座摇晃的钢丝桥，桥面木板铺成，摇摇晃晃，我被抛下了河，三哥早就不见人影了。所幸是枯水期，水流量不大，总算是上了岸。当年，只有结婚、升学等大喜事才请别人放一次电影。那次摔下河，我萌生了一个念头：如果有机会，让父母亲为我放一场电影，那该多好呀！三哥看出了我的心思，满怀憧憬地说："你努力去实现呀！"放一场电影的想法，竟然与自己的理想关联起来，真的很神奇。三哥的话我信，三哥考上大学的时候也是放了电影。他是我们村第一个跳出农门的男孩，靠读书从莽山走出去，真的很艰难！他是我的榜样！

还有一个月就要升学考试的时候，我的世界塌了，父亲因为重病不幸离世，我的心情跌入了谷底，生活没有了光。此时，三哥站在了我的身后，一起帮忙处理父亲的后事，给我吃了颗定心丸。他要我努力学习，身后有他呢！我含悲忍痛参加完中考，以全班前五名的成绩拿到了师范的报考指标。在漫长的等待中，我准备好了行囊，跟表姐到深圳打工，因为我估计自己考不上师范。就在出发的前两天，我收到了师范学校的录取通知书，欣喜若狂。面前的阳光是如此灿烂。最让我兴奋的是，我可以在村里放一场属于我的电影了。母亲也是兴奋至极，拿出卖猪攒下的钱，邀请电影队放了一场电影。电影的名称早已忘记，只记得外村来了好多人，热闹的场面至今记忆犹新，我也成了村里第一个走出大山的女孩。

开学前，母亲为我收拾好行李，三哥承担起"父亲"的责任和义务，他亲自送我去师范学校，为我打理好一切才返回工作单位。他是单位的骨干，写得一手好字，文章也写得颇好，被单位委以重任。我挺想成为他那样的人。在师范的三年里，三哥关心我的学习，引导我做人、处事，我也以三哥为榜样，全身心地修炼教师的基本功，成绩一直名列前茅，年年拿奖学金，毕业的时候，还带了500多元钱回家，以"郴州市最优秀毕业生"的称号分到宜章县城，成为一名光荣的人民教师。我的成长之路，离不开三哥的陪伴与教导，是优秀的三哥把我送上这三尺讲台的。

母亲说，三哥是我一生的保障。那话，不假：丈夫遇到医疗事故，三哥陪我一起处理；我教学中遇到困惑，三哥引导我一步一个脚印，坚守为人师表的初心；儿子参加企事业单位招考，三哥耐心为其准备，面试过关了，时刻叮嘱儿子要多学、多看、多做，要从基层做起，练就一身本领……点点滴滴，历历在目。三哥以他高尚的人格与正能量的言行，一直影响着我，影响着我的家人。我的每一次成长，都有三哥的循循善诱。我教育学生从小就要树立远大的理想，引导他们开展"追寻我身边的榜样"的社会实践活动，化身小记者去采访身边的榜样，从蛇博士陈远辉，宜章好人谢运良，到网络妈妈谭兰霞，感动中国人物江梦南……从这些榜样的身上去吸取精神营养，形成正确的人生观、价值观、世界观。我很庆幸，我也成了像三哥那样照亮学生前行的那盏明灯。

感谢三哥，感谢有你！愿我心中的那盏灯永远长明！

第二篇

研 课 议 教

从一堂堂精彩纷呈的课例中，我不仅看见了学生的成长，更发现了老师的蜕变。为了破解难题，老师想方设法优化教学，智慧便从中产生了。为了把课上好，不放过每个细节，慎重地把握方向，这便是对课堂极大的负责。课无止境，学亦无止境，好的课只有起点，没有终点。课堂的遗憾激励我们继续前去研究。精彩的课堂让我们深刻地感受到增长学生见识、启迪学生智慧、塑造学生心灵是一件多么伟大而神圣的事情。

《淡淡的茉莉》满口香

　　品词析句、潜心会文，在阅读中感悟那淡淡的茉莉芳香，那平凡而又真挚的爱浸润着孩子们的心田。整堂课，兰老师引领着孩子们走进了一个感人的爱的故事之中，让我们感受到了爱的芬芳。"平淡无奇、洁白纯净、缕缕幽香"是茉莉花最真实的写照，也是文中父亲与母亲间那份真情的最好诠释。看似平淡且易被人忽视的生活细节，却流淌着真爱，兰老师很好地把握了课文的主线。

　　我感受最深的有以下三点：

　　一、以生为本，注重学法指导，于细腻处见真爱。

　　在品读课文，感悟"爱如茉莉"的环节中，兰老师不断地对学生进行学法的指导，努力教学生怎么学、怎么品。如告诉学生，文中的一句话、一个动作、一个眼神这些都是细节描写，让他们去体会淡淡的茉莉花香一样的真爱。让学生在文中寻找这样的细节描写，给予学生充足的自读与交流的时间，引导学生表达自己的感悟，指导学生会说。在说的过程中不仅仅培养了学生的口语表达能力，更重要的是内化了课文的语言，让学生逐步感受到语言文字的分量。又如在体会"奔"字时，兰老师采用字理教学的方式，奔字的上面是一个大，像一个人挥动着双手，下面是止，这个止就是脚趾的趾，而且，这里是三个趾，表示快跑的意思。同学们说说，爸爸一只脚跑行吗？不行呐，妈妈都住院了，一只脚跑不快。两只脚够不够快呢？还不够！得三只脚来跑啊！因为爸爸早点跑去医院，才能了解妈妈的病情。这是一种发自内心的牵挂，发自内心的爱呀！爱就是爸爸知道妈妈生病后直奔医院（板书：直奔医院）。你说！这里能换成走字吗？所以呀，一个奔字，作者让它有了爱的温度，爱的味道。这样，孩子们透过字里行间深深地体会到了"爱如茉莉"的真正含义，掌握了学习语文的方法。我们要抓住文中的关键字、词、句，要抓住文章的细节来进行品读，感悟文本中流淌着的真爱，同时在表达中提升学生的语言境界，最后，兰老师把细节描写的方法拓展为描写细节，较好地体现了从教课文到教语文这一教学理念。

二、以读促情，注重读中感悟，于情境中悟真情。

我认为语文教学应当注重朗读，兰老师这堂课，读的训练得到了充分的落实。读中悟情，领悟文本。学生通过感悟，领悟文本中的重点语句，实现与文本对话，动情入境。如"能用朗读来表达这番真情"，再如"多么温馨的画面呀，请用你的朗读再现这美好的一幕"，学生在读的过程中感悟了真情，而且是在语境中的读，这样的读才是有效的读，才会沁人心脾。

三、以生促师，关注生之学情，于共鸣中明真意。

如：现在钻入我们心里的仅仅是那缕缕幽香吗？还有什么？爱！

那么，这平凡而又真挚的，如茉莉般的感情，能叫爱吗？此时此刻让学生明白了这就是爱！随后，兰老师精炼的语言道出了爱就是爸爸直奔医院的脚步，爱就是爸爸紧握的双手，爱就是妈妈麻痹的手脚，爱就是病床旁的守候，让学生的情感得以升华，也为引导孩子们写关于爱的小诗做了引领。由课文延伸到生活，引领孩子们感悟生活中的爱。爱，流淌在我们的心中，我们也能创作出美妙的诗。像这样爱的细节，在我们生活中随处可见，父母间的爱，师生间的爱，同学间的爱，将课文延伸到生活中，升华了文本，让语文课的人文性得到了一定的体现。句子训练，工具性，会学能用。请大家发挥想象，我们也来写一首关于爱的小诗吧！给学生开辟一块广阔的天地，从而诱发学生思维的积极性，我想应该是"课如茉莉"，看起来平淡无奇，品起来幽香缕缕，回味起来则是清香袅袅。美到极致是平实、自然。整堂课如涓涓细流，像一首清丽的小诗，没有波澜壮阔，没有峰回路转，但是同样动人。课堂上飘荡着浓浓的语文气息，回味起来，让人感到很多地方都在启发着我们，这就是袅袅不去的清香。

兰老师不急不躁，整堂课如行云流水，是那样的酣畅。她巧设悬念，推波助澜，笑声不断、掌声不断、高潮迭起。没有一句，没有一处是脱离语文的生发，课堂上洋溢着浓浓的人文气息，师生在交往、对话中完成了文本的审美。细咀嚼，舌尖上的花朵不断地招引着我们，这就是《淡淡的茉莉》撩人心魄的艺术魅力所在吧。

对于一个稚气未脱的刚刚走上讲台的新手，在课堂上能有如此的表现，实在是难能可贵，正因为她年轻，所以有几个地方显得有些稚嫩：

1. 感悟文章的细节时，过于追求完美，她希望每个地方学生都感悟到、体会到，致使重点不够突出，落实不够到位。

2. 教师在教学中牵引学生太多，不能完全放手让学生自主地去思考、去反馈、去延伸。

但是我相信，这颗教育的新星，在她的努力下，在付出中，完全能够璀璨于明日的教育星空。

运用多种手段走进古诗词

　　古诗词的教学是语文教学的重要的组成部分，部编教材对小学阶段要求掌握与背诵的古诗词量，也在原有的基础上不断增加，新的部编小学语文教科书共选编古诗文 129 篇（首），占所有选文的 30%。因此，我们每一个语文教师应该努力做好古诗词的传承与传播，我结合李艳旭和彭芊两位老师同课异构古诗——《芙蓉楼送辛渐》进行综合点评。

　　一、倾情朗读是理解古诗词的基础。

　　俗话说：书读百遍，其义自见。古诗更需要多读，学生可以在读中感悟出很多东西。彭芊和李艳旭老师在古诗的教学当中都注重了读的训练，她们采用了齐读、点名读、自由读、示范读、带节奏读、情境中读、师生合作读等多种读的方式，把学生带入情境，入情入境地读，为理解诗意，体会诗歌表达的思想感情起到了很大的促进作用。

　　二、创设情境是理解古诗词的关键。

　　古诗词都以非常简洁、高度凝练的语言表达诗人的情感。由于古诗词里面蕴含着许多历史典故，所描绘的情景离学生的现实生活很久远，要想让孩子们在短短的四十分钟内走进古诗词，是有一定的难度的。如果运用音乐、音频、图片、视频以及教师的诗意语言创设符合诗歌内容的情境，就能够帮助学生理解古诗的意思和感悟诗人所要表达的情感。彭芊老师为了把学生拉进离别的氛围中，她用《送别》歌曲的旋律渲染离别情绪，在这种氛围的烘托之下，使用图片和动画，演示从江宁到镇江的行进路线，再加上她富有感染力的语言配合，学生瞬间就被拉进了那个离别的场景：雨水和江面连成了一片，那雨，一下就可能是整整一夜。此时的王昌龄被贬到江宁任县丞，他的同乡好友辛渐前来看望他。辛渐要回洛阳了，王昌龄依依不舍，从江宁送到了镇江，在芙蓉楼为他饯别，辛渐打算在镇江渡江，北上洛阳。王昌龄这一送就是一百多里啊！古代的交通工具并不发达，唐朝最常用的是马或者马车。这离情别绪就自然而然嵌入了学生的心中；李艳旭老师除利用视频、音频、图片创设具体的诗歌情境外，还在随文识字学习"壶"这个生字的环节中，巧妙地采用字理教学，运用动画展示"壶"字从甲骨文—金文—小篆—隶书—楷书—草书—简化宋体的演变过程。整个流程形象而生动，学生通过观看这个视频，不仅极快地记住了"壶"字的字形，还对它的来历有了一个更深的了解。更重要的是，这种利用信息技术创设的情境，让学生耳目一新，这是光靠老师一张嘴，一支粉笔永远也达不到的教学境界。由此可见，作为诗词的传承者、传播者，一定要尽最大的努力去创设与诗歌契合的适时情境，那样，学生理解古诗词的过程当中，许多问题就会迎刃而解了。

三、融情想象是理解古诗词的"助手"。

《芙蓉楼送辛渐》整首诗只有28个字，它所包含的情感却很丰富。诗人托辛渐传话，以"冰心"和"玉壶"自喻，表明自己永葆高洁的品质，于四年级的学生来说，理解起来是有一定的难度的，所以我们的老师不但要带领学生走进诗歌的情境，而且要走进诗人的内心世界，把自己置身于古诗中。这就靠我们引导学生融情于想象了，让学生在老师创设的情境当中，与古诗词真正融合在一起。

1. 根据诗歌字面意思展开想象。彭芊老师在引导学生理解"寒雨连江夜入吴，平明送客楚山孤"的诗意时，学生一开始总是没有办法理解，他们无法用自己的语言表述诗意。她再次借助图片，透过诗情画意再现情景，引导学生去想象。此时此刻，你仿佛看到了怎样的画面呢？这下子，学生都有话可说了，他们看着画面，把诗意说得头头是道，老师稍加点拨，那诗意就跃然纸上了。

2. 设身处地于古诗之中展开想象。李艳旭老师创设情境之后，顺势引导：送君千里，终有一别，假如你就是王昌龄或辛渐，在分别之秋，会说些什么呢？辛渐说：您千万保重身体啊，此地一别，又不知何时才能再见了！有什么口信需要我捎给您的家人吗？王昌龄答：感谢你的惦记，我王昌龄为官一世，清廉正直。如果洛阳的亲友向您打听我的情况，就请转告他们，我的心依然纯洁，不会为功名利禄玷污。老师趁机引导：是啊，此时的他们，有千言万语想说，最后汇成了一句：洛阳亲友如相问，一片冰心在玉壶。这样的融情于景，想象丰富，让学生真正地体会到了诗人的情感境界。

3. 依据古诗画面之外的情形展开想象。

李艳旭老师在创设情境之后，马上让学生设身处地地展开想象：联系诗人的遭遇，你觉得洛阳的亲友会向辛渐询问什么？

他的妻子深情地问：远离家乡，他过得好不好？

他的父母关切地问：他过得顺不顺心？

他的孩子无限思念地问：爸爸，什么时候才回来？……

他的朋友关怀地问：今后有什么打算？

这一环节，通过对古诗画面之外的情形展开丰富的想象，让"一片冰心在玉壶"的理解多姿多彩了：王昌龄没有竹报平安，没有对妻子儿女情长，不能在父母跟前尽心侍奉，不能享受天伦的乐趣，他只想表明——一片冰心在玉壶。诗人洁身自好的志向与品格，在老师创设的情境与学生的想象中顺理成章地豁然开朗了。

四、借助资料突破理解古诗词的瓶颈。

理解古诗词，于小学生来说有一定的难度，为了破解古诗词教学中的难题，也需要借助资料。在古诗词教学中，可以根据教学重点和难点，借助相关资料来理解古诗，体会诗人所表达的情感。一是借助写作背景，以背景资料助力对古诗词的理解。李艳旭老师借用《芙蓉楼送辛渐》其二的一段资料，展现了送别之前，两个好朋友在客栈喝酒、聊天的情境，为理解这首诗的离情别绪做了很好的铺垫。二是借助作者的生平，了解诗人的生活经历，用以理解古诗。彭芊老师借助王昌龄三次被贬的历史资料，让学生明白，即使多次被贬，作者还是保持自己的初心，洁身自好，绝不同流合污。学生理解起来就轻松多了。三是借助适时的典故理解诗意。古诗词，时常会融进一些典故，学生光从字面琢磨，是很难理解透彻的，如王昌龄的另一首古诗——《出塞》，就运用了"飞将军李广"的典故，以此来表达自己希望朝廷能够起用良将，早日收复失地，让战争平息的心愿，那样就不会出现"秦时明月汉时关，万里长征人未还"的情形了。可见，适时、恰当、巧妙地借助资料，就可以在短时间内有效地突破教学难点。

古诗词是中华传统文化史上一颗璀璨的明珠，它所包含的内容之广，形式之多，表达的感情之丰富，是需要我们每个语文老师去深深地研究，细细地品味的。我们在教书育人的时候，运用多种教学手段，让古诗词的精髓扎根在学生的思想上，行为中，让他们把中华传统文化发扬光大，成为传统文化真正的继承者。

立足文本　关注要素　实现读写迁移

——评《十六年前的回忆》

　　《十六年前的回忆》是部编版六年级下册第四单元中的第二篇课文，本单元以"理想与信念"为人文主题，围绕这一主题，教材编排了两个语文要素：一是关注外貌、神态、言行的描写，体会人物的品质；二是查阅相关的资料，加深对课文的理解。我们在备课的过程中，一定要有单元整体概念，在教学这一单元之前，一定要仔细研读本单元的教学主题与语文要素，以单元总体的教学目标来统领、指导本单元所有课文的教学。就《十六年前的回忆》这篇课文而言，应该做到立足文本，关注要素，实现读写迁移。我依据本文最突出的三大特点，结合谭燕平、李彩青两位老师上的《十六年前的回忆》课堂实例进行简单的点评。

一、抓人物多种写法，品父亲英雄形象。

　　我们仔细研读文本，就会发现，文章的字里行间，都能感受到作者在刻画李大钊这个人物的时候，运用了多种方法，主要抓住人物的语言、动作、神态描写来凸显人物品质，多方位，多角度、形象而立体地塑造了一位英雄父亲的形象。通过关注人物外貌、神态、言行的描写，感受李大钊同志的革命英雄气概，就是本文的教学重点。谭燕平老师分四个板块展开课文的研读——"切入回忆，复习节点""聚焦人物，体会品格""再现时代，深度体会""拓展资料，传承文脉"。而李彩青老师则以时间轴为线索展开对课文的研读。她们在"聚焦人物，体会品格"这个过程中，能充分引导学生抓住李大钊的语言描写：父亲坚决地对母亲说——不是常对你说吗？我是不能轻易离开北京的，你要知道现在是什么时候，这里的工作是多么重要，我哪能离开呢（无私无畏）；动作神态描写：父亲不慌不忙地向外走去（沉着镇定）；外貌神态描写：我看到了他那乱蓬蓬的头发下面平静而慈祥的脸（坚贞不屈）。再感悟沃克医生的语言、动作、神态描写，从这些细节描写去体会人物的内心世界。最后引导学生明白，这样描写其他人的表现来衬托李大钊的精神品质的方法就是侧面描写。直接描写李大钊的语言、动作、神态、外貌来体现他的精神品质的方法就是正面描写。正面与侧面描写相结合更突出人物精神品质。这些描写方法的感悟，实际是在教学生习作的方法。叶圣陶先生说过：我以为好的先生不是教书，也不是教学生，乃是教学生学。我们带领学生感悟李大钊的动作、语言、神态的描写，就是为了教学生如何把人物写得形象而生动。我们的语文课文教学就如数学教材中的一道道例题，通过学习一篇课文，能够去写一篇文章，真正达到由方法迁移到学生习作的目的。可见，语文的教学必须立足文本，在深研文本的基础上领悟方法，习得方法，才能真正地落实语文要素。

此外，两位老师在品读的过程中，为了让学生更好地感悟人物品质，走进人物的内心世界，巧妙地借助文字、视频、音频等资料，帮助学生更深入地感悟：一是在品读"形势严峻"的时候，插入一段当时形势严峻的文字资料，让学生在资料的展现中，明白原来文中的"严峻"形式已经到了非离开不可的地步了，然而李大钊却毫不犹豫地留下来，进一步凸显了李大钊以革命事业为重，为了革命把生死置之度外的崇高精神；二是体会李大钊的神态与外貌描写"乱蓬蓬的长头发下的平静而慈祥的脸"

时，插入了一段李大钊从被捕到被害受到的所有酷刑的影视资料。这段视频的插入，触动了学生的内心，"酷刑"两个字容易写，但是真正的酷刑，对于生活在和平年代的孩子们来说，是第一次这么真切，这么近距离地感受，他们看得如此的认真，脸上的表情在变化，身子在抖动，有的女孩子甚至在低声哭泣……三是感悟文章结尾处"母亲伤心过度，昏过去三次，每次都是刚刚叫醒又昏过去了"，为了体会母亲的"伤心欲绝"，插入了一段李大钊分三次执行绞刑的全过程，把其中的"悲"和"壮"体现得淋漓尽致；四是在最后"传承文脉"时，在背景音乐《红旗颂》中，观看了董存瑞、杨靖宇、叶挺、刘胡兰等英雄的革命事迹，让孩子们深深地明白了：这样的革命精神，不仅在李大钊一个人的身上体现着，而且还有无数革命先烈为了人民幸福，浴血奋战，前仆后继。他们在革命事业的道路上，谱写了壮烈的篇章。这一环节把人文主题巧妙地落到了实处。

从上述引用资料的每个细节中，我们不难发现："借助相关资料，加深对课文的理解"这一语文要素在课堂中是得到了全面的落实。现在的孩子生活在和平年代，战争离他们甚远，他们对革命英雄也没有直观的感受，而借助资料，恰恰补了这一短板。这就是信息技术在语文教学的充分利用，我们每个语文老师都应该把信息与语文教学真正地融合起来，这样，我们的语文课堂就会变得越来越高效。

二、析对比烘托手法，丰父亲革命形象。

为了丰富李大钊对待革命工作高度负责的革命者形象，作者巧妙地运用了多角度对比的手法，让李大钊的革命者形象渐渐丰满起来。这一点，李彩青老师在教学的过程中感悟得比较深刻。

1. 抓住父亲本身前后的对比。

当父亲在烧掉绝密文件的时候，"我"问他为什么要烧掉文件，父亲的回答很不耐烦，显得没有耐心，这与父亲一向慈祥，总是耐心听我的问题形成鲜明的对比。这一段对比阅读感悟，让学生感受到李大钊为了革命事业，不惜舍弃对亲人的关爱这种"舍小家，为革命"的大无畏精神。

2. 抓住亲友与父亲态度的对比。

李彩青老师在引导学生感悟父亲本身的鲜明对比后，没有再进行具体的指导，而是要学生独立研读文本，自主探究亲友跟父亲的态度对比，学生迅速找到在形势极其严峻的情况下母亲和朋友的劝离，父亲坚决留守的语句，通过学生的再一次自主对比阅读，李大钊的坚定的信念跃然纸上——他对革命事业有充足的信心！

3. 抓住父亲与敌人表现对比。

父亲在敌人面前的"不慌不忙、平静而慈祥"与敌人的"残暴、怒气冲冲"进行对比。在反面人物的烘托下，学生很快感受到了李大钊的从容镇定、坚贞不屈的革命者形象。这一环节的感悟，是在前两次对比阅读的基础上进行的，以任务为驱动，实现了对比阅读方法的习得与迁移，充分发挥了学生的主观能动性。

三、用前后照应方法，抒作者追思之情。

抓语言、动作、神态、外貌感受人物品质，是学习本文的基础，借助文字、视频、音频等资料深度感悟人物品质是延伸，通过对比阅读升华人物精神品质是关键，而引导学生关注课文首尾呼应的表达方法，整体感知人物品质，既是对"首尾呼应"这一表达方法的学习，也从部分到整体，抒发了作者李星华对父亲的无限怀念之情。

落实语文要素　提升语文素养

语文要素是部编教材要落实的一个最关键的点，在教材的安排中，体现了语文要素的个体性、整体性、层次性、实践性。而语文教学是所有教育的根，它所包含的内容之丰富，含义之深刻，运用之广泛，是其他科目难以超越的，如果说我们把语文教学称之为一座大花园，那我们就得运用各种渠道，走进花园百花深处，去感受百花之艳，百花之香，百花之纯。因此，只有我们把语文要素落到实处，才能真正提高学生的语文素养。我结合教授《少年闰土》和《夏天里的成长》这两课，谈谈该如何落实语文要素，提升学生的语文素养。

一、仔细揣摩单元提示，明确单元编排意图是基础。

明确单元编排意图其实是一个备课的过程，目的就是要精准确定教学目标。只有教学目标精准了，我们的教学设计才能有的放矢。每一个语文老师首先要有整体意识，拿到一本教材得先通读整本教材，对本册的双线结构要有清晰思路。有了整体构建，我们才能从每个单元入手，了解每个单元的人文主题与语文要素。比如，我们教的是六年级上册，就要把六年级上下册的双线结构、人文主题和语文要素有整体的梳理与认识，明确六年级整个学年的教学目标，然后再看每一个单元具体的语文要素。如《夏天里的成长》出自六年级上册第五单元，这是一个特殊单元——习作单元,语文要素是:围绕中心意思写,也就是说,我们应该明白,这一个单元就是要教给学生如何围绕一个中心意思来写作文。在单元提示中有萧统的一句关于习作的名句:"以立意为宗,不以能文为本",这句话的意思告诉我们,写作文应该以确立文章的中心思想为宗旨,而不以华丽的辞藻堆砌为根本,总结起来就是要写出真情实感。在教学时,我一开课就把"万物迅速生长"这个中心句进行复习,引领着孩子们探索"万物迅速生长"是围绕哪几个方面来写的:一是动植物的迅速生长;二是无生命的事物的迅速生长;三是人的成长。告诉孩子们,写作文要抓住一个中心,围绕这个中心从不同方面或选取不同的事例来表达这个中心。语文教学的根在哪里?那就是教给孩子们学习与写作的方法,语文书中的课文就是小学数学教学当中的一道例题,我们阅读教学就需要通过这道例题,传授给孩子解题的办法。在教学中,我不仅总结了写法,还进行了最后的写法运用,这样才能让学生不仅会读,而且会写。《少年闰土》出自六年级第八单元,这是引领孩子们走近文学巨匠——鲁迅的主题鲜明的单元,以臧克家的诗提醒孩子们,鲁迅虽然离世,但是他仍然活在我们心中。读单元提示,我们可以获得两个语文要素,一是借助相关资料理解课文的主要内容。为了把这个语文要素落到实处,我引用的第一个资料是:鲁迅为什么对农村里面的事一无所知?我出示了一段"古代富家子弟被很多用人小心翼翼地照顾,过着衣来伸手,饭来张口"的资料,通过这一资料的补充,学生很快就会理解为什么鲁迅认为闰土是见识多广的,而自己只能看见"院子里四角的天空";第二个引用的资料是在理解为什么原来的那个面色红润、勇敢机智、见多识广的闰土不见了。在对比阅读后我补充了一段的社会背景资料,把当时黑暗社会制度下的人们当时的生活状况展现出来，孩子们的疑惑就迎刃而解了。所以，借助相关资料理解课文主要内容是一个很有实效的阅读教学技巧，老师的补充是示范教学，主要在于引导学生在自主阅读的过程中，学会去查阅相关的资料来理解自己无法解决的困惑。第二个语言要素是通过事情写一个人，表达出自己的真情实感。我在引导的过程当中，重点通过体会文中的四件事：瓜地刺猹、海边拾贝、雪地捕鸟、看跳鱼儿，运用各种方式引导学生去感悟、体会闰土的个性特点：勇敢机智、见多识广。我花了很多时间让孩子们从文本当中，从阅读当中去提炼，闰土是个什么样的人，"我"感受到了怎样的内心世界，这样，学生不仅学到了知识，而且还学到了方法。

我们语文老师要练就三只眼睛：蜻蜓的眼睛——全面。我们要在教学之前全面地浏览本册的教学内容，熟知本册的人文主题与语文要素，对所教的内容有整体的了解与规划。蚂蚁的眼睛——精准。就是精准地确定教学目标，只有对语文要素这一块理解透了，我们定位的时候才能非常精准。飞鸟的眼睛——深邃，深层次的挖掘教材中所蕴含的一切能体现语文要素的资源，也就是说你在阅读教学的过程中，你该如何巧用哪些教学手段来让这篇课文的语文要素落到实处。

二、认真研读文本，落实语文要素是关键。

每一个语文老师必须明白什么是语文要素。语文要素的三大核心是：语文知识、语文能力、语文学习方法。如果我们把这三大核心落实到位了，我认为语文教学就成功了一半。

1. 语文知识的渗透。语文知识所包括的内容非常广泛，如：词语的积累，修辞手法，句式的运用，构段的方式等，我们要在充分了解教材后，在拼音、识字、阅读、作文教学中不断潜移默化地渗透这些语文知识。

2. 语文能力的培养。具体地说就是"听、说、读、写"的能力。比如"听"的能力训练，我们可以分为听媒体播，听老师说，听同学讲，听的训练最终目的是培养学生倾听的能力；"说"可以有自主说，相互说，创新说等形式。如我在上《少年闰土》时，我在引导学生感受完闰土说的那四件新鲜事后，我顺势抛出说的"空间"：闰土说的新鲜事都是没有见到过的，甚至连想都想不到。难怪鲁迅听闰土说新鲜事的时候是这样的（出示书中鲁迅全神贯注听故事的插图），然后出示提示语："鲁迅听得——，他在想——"就这样一石激起千层浪，孩子们畅所欲言，有自己的独到理解与创新，让老师都不得不感叹他们的思维空间之大，表达角度之多。这样，通过不断地"说"，让孩子们学会了表达，当孩子们学会表达以后，我们就会发现，我们的语文课堂就会变得非常灵动。"读"的方式就丰富多彩了，示范读、自由读、展示读、合作读、分角色读。可以说，"读"是语文教学的根，因此，我们应根据教学内容与教学目标的不同，选择不同的"读"的方法。"写"是"听""说""读"后的成果体现，学生除了会听、会说、会读，最终的目标应该落在会写上。"写"的训练形式可以是口头"写"、模仿写、想象写等。

3. 语文学习方法的传授。

俗话说："授人以鱼，不如授人以渔。"这就要求我们一定要注重语文学习方法的传授。我们的教是为了不教，是为了让学生青出于蓝而胜于蓝，而不是让老师处于高高在上的地位。只要我们在课堂中教给他们方法，他们以后就可以自主学习。叶圣陶先生曾经说过一句这样的话：最有效的教就是"让学生做自己的先生"。让学生能够根据老师传授的语文学习方法去学以致用，这是教学的最高境界。如我在教学《夏天里的成长》的时候，就特别注重引导孩子们围绕一个中心意思来写，让学生在找到课文的中心后，在文中细细地梳理出作者围绕中心意思进行具体叙述的几个方面，并要求学生学会简要的概括，这其实就是梳理出一个简单的写作提纲来。学生通过自主探究，获得了学习方法。之后，我马上进行运用，要求学生进行片段练习——《品味秋天》，学生就能根据所学方法从以下三个方面来"品秋"：一品秋色，描写秋天到了，呈现出来的丰富多彩的颜色；二品秋实，抓住秋天硕果累累的特点，以各种水果来品味秋天的"实"；三品秋味，重点写"桂子花开，十里飘香"的情景。孩子们能够学以致用，说明我们学习方法的传授就成功了。

三、树立语文大教学观，做好知识与能力拓展的提升。

人们常说：生活处处有语文，生活的空间有多大，语文学习的外延就有多大。因此，我们每一个语文老师都应该树立大语文观，应立足课堂，向课外、校外拓展；立足课堂，走出学校，走进生活，走进大自然，走向社会。

1. 运用"1+X"教学模式，让语文要素的落实空间更大化。

"1+X"的教学模式是落实语文要素拓展的最佳模式。"1"指的是每个单元的讲读课文，每个单元的讲读课文要有目的性地精读、精学，在这个过程中引导学生深入文本、体悟情感、总结学法。这个"1"就是数学学科中书本中的例题，我们要让它承担起举一反三的重任。而"X"则是由"1"延伸出来的其他拓展阅读篇章，需要学生学以致用，自主学习相关主题的多篇文章，从而达到阅读量成倍增加，提升学生语文素养的目的。如我在教《少年闰土》时，引导学生学完课文后，我设计了"对比阅读"这一教学环节，提供了《中年闰土》《老年闰土》两篇阅读材料，让学生运用所学的阅读方法进行有目的地对比阅读，这样"1+2"的形式使语文要素得到进一步巩固与落实，效果显而易见。

2. 开展群文阅读活动，使语文要素的落实更有立体感。

　　阅读是语文教学的根，除了课堂上的阅读教学与相对应的"X"的拓展外，还应该进行大量课外阅读，以此来丰富语文教学内涵，让我们的语文教学变得更厚实，更有立体感。如我教完六年级第四单元——小说单元后，我就引导学生去读小说，先从短篇小说开始，再到中篇，最后到长篇小说，从单篇的文章，到整本书的阅读。读过之后，我每次都要让学生进行阅读分享，总结每次阅读中所用到的阅读方法，这样，学生在大量的阅读中就能将知识由内到外，由说到读到写逐步加深，语文素养自然而然地不断提高了。

《凉州词》
——走进边塞诗

教材分析：

  《凉州词》是四年级上册第七单元 21 课古诗三首中的第二首。第七单元的人文主题是"天下兴亡匹夫有责"，这种人文主题思想的渗透就从古诗三首的学习开始进行。第一首是王昌龄的《出塞》，借助对名将李广的怀念，来抒发作者希望国家加强防范，以保国家能够太平的爱国情感。而《凉州词》在学习第一首古诗的基础上，以"醉卧沙场君莫笑，古人征战几人回"的视死如归的豪迈，展现边关将士在残酷的战争现实中悲壮的爱国情怀。让学生通过对古诗的学习，感受战争的残酷，戍边将士的艰辛，以及作者忧国忧民的情怀。

  （编排意图：从古诗词入手，感受古代战争的残酷，体会古诗字里行间作者的爱国情怀。）

学情分析：

  学生从一年级开始学习古诗词，掌握了一些古诗词的学习方法，如能够根据注释，查阅资料，有感情朗读，情境中想象诗歌画面等方法来学习古诗。但只是对一首古诗的学习，而学习《凉州词》，我想利用"1+X"的教学模式，以一篇带多篇来学习古诗词，这有一定的难度，但能充分培养学生的自主学习能力。

（分析意图：要充分了解学生学习古诗词的情况，让学生利用已经掌握的学习古诗词的方法，快速完成"1"的学习，而后才能在老师的指导下总结学习方法，拓展到"X"的学习，实现学习方法的全面迁移。）

教学目标：

1. 以学习《凉州词》为契机，了解边塞诗的特点，对边关将士为国捐躯，视死如归这一类型的边塞诗进行整体感悟。

2. 极力营造诗意氛围，激发学生学习兴趣，通过有感情地朗读古诗，品悟字词，联系所学诗歌理解诗意，体会作者思想感情。

3. 激发学生对戍边将士的同情，以及建设祖国保卫祖国的豪情壮志。

4. 学习另外三首边塞诗，引领学生继续学习其他类型的边塞诗。

教学重难点：

有感情地朗读古诗，借助注释理解大意，悟出边塞诗的特点。

教学准备：

教师：多媒体课件。

学生：预习课文，搜集相关资料。

教学过程：

一、初步了解边塞诗的特点。

1. 师：大漠风沙卷起苍凉边塞，豪情热血尽显英雄本色。唐宋以来，由于战事不断爆发，边关将士困于战乱之中，众多反映边关生活的边塞诗应运而生。我想：你们应该能背一些边塞诗了，谁来试试？（学生背边塞诗）真不错！今天，就让我们共同走进那"铁马冰河入梦来"的边塞诗。

2. 什么是边塞诗呢？哪个孩子来说说你对边塞诗的了解？

3. 学生说后教师小结过渡：是的，边塞诗盛行于唐代，多反映边关战争生活，老师带来了一段关于边塞诗的微课视频，相信观看后，你们会有更多的了解（出示微课）。

4. 观看微视频：你对边塞诗又多了哪些了解？（学生各抒己见，说自己的收获）

5. 是的，边塞诗就像一朵凄美绝艳的异域奇葩。唐代是边塞诗盛行的时期，如果我们把这些边塞诗按内容分类的话，大致可以分为以下几类（出示课件）：

①如火的激情——边塞健儿杀敌报国、建功立业之情怀的袒露。

②旷世的孤独——戍边将士思念家乡，挂念亲人之情怀的关注。

③战争的残酷——塞外生活的艰辛与连年征战的残酷的体现。

④绝世的风情——边塞奇异风光与边陲人民生活状况的描绘。

今天，我们先走进第一类边塞诗：如火的激情——边塞健儿杀敌报国、建功立业之情怀的袒露。

师：边塞诗多塑造边塞健儿的英雄形象，歌颂从军报国和建功立业，从而抒发自己的壮志。今天，我们先赏析《凉州词》。（出示课件）（设计意图：这一环节，利用学生收集资料做成的边塞诗微课，让学生集中比较、全面地了解边塞诗的特点，为学生后面深入地学习古诗词做很好的知识准备。最重要的是，这样引导学生把课前收集到的资料进行整合，极大地培养了学生收集信息与处理信息的能力。）

二、学习《凉州词》。

（一）回忆古诗学习方法

1. 请同学们回忆一下，我们学习古诗的方法，教师小结后，课件出示：

2. 学法指导：解诗题　知作者　读诗文　明诗意　复诗境悟诗情。

3. 请同学按照以上的方法自学古诗。

（设计意图：回忆学习古诗词的方法，让学生在进入古诗学习的过程中进行方法迁移。）

（二）品读古诗

◆解诗题

师：大家刚才学得很认真。我们先来读读诗题吧，关于《凉州词》，你想说点什么呢？

1. 指名学生说。（看来，课前搜集资料可以让我们知道很多知识啊）

2. 是的，《凉州词》（出示课件）是凉州曲的唱词，不是诗题，是盛唐流行的一种曲调名，后来许多人为它填词，便有许多首凉州词了。凉州，地处西北，十分荒凉。

◆知作者

1. 那么，关于王翰，有谁了解他，我们来聊聊吧？

教师小结后出示课件：作者简介：王翰：字子羽，晋阳（今山西太原）人。唐代著名的边塞诗人，《凉州词二首》是唐代边塞诗中传诵千古的名篇。他性情豪放，以豪放之情写军中生活。

2. 出示小资料：是的，豪放不羁的诗人王翰，当年作为运送粮草的官员，曾亲历边关，被边关战士英勇杀敌的爱国精神所感动，却又对将士们残酷、悲凉的军旅生活无可奈何！于是，写下了这首千古绝唱。

（设计意图：关于《凉州词》和作者王翰，学生了解不是很全面的，要学生课前去收集关于《凉州词》和作者王翰的相关资料，然后汇报。学生通过查阅资料，可以非常全面而又多角度了解《凉州词》和作者王翰，这是仅靠教师的讲解永远无法达到的深度与宽度。）

◆读诗文

1. 今天这首《凉州词》将向我们展示怎样的军中生活呢？让我们一起走进诗歌吧！

2. 谁读读这首诗？

3. 读诗不仅要字正腔圆，还得有板有眼，读出节奏，谁再来试试？（嗯，读得好多了。）

4. 接下来我们来个大合作，读一读《凉州词》（师四生三、生四师三、师读题生读全诗）。

5. 全班齐读古诗。（出示加上节奏的古诗）

（设计意图："书读百遍其义自见"，"读"也是学习古诗词的根，学习古诗词要采用多种方法，引导学生不断朗读。）

◆明诗意 复诗境 悟诗情

（一）品读第一句诗。

1. 读到这儿，你们仿佛看到了什么（葡萄美酒、夜光杯）？听到了什么（琵琶声）？是从哪句诗中读出来的？（出示第一句诗）

2. 中国自古诗画为一家，诗中有画，画中有诗。如果要给这一句诗配上画，应该画上什么？（美酒、夜光杯、琵琶）还有吗？（战马、将士）

3. 把这些事物联系起来，又是一幅怎样的画面呢？谁能用自己的语言描述一下？（指名描述）

4. 鲜红的葡萄酒，精致的夜光杯，面对那么盛大的筵席，将士们的心情如何？（激动、兴奋）请读出这份激动与兴奋。（齐读）

5. 美酒佳肴怎能辜负，将士们举杯畅饮，正想再来一杯的时候。

6. 你们听，这是什么声音？什么样的琵琶声？（急促）诗中哪个字体现了琵琶声的急促？（催）

7. 催什么呢？（催将士们赶紧饮下这杯酒，催将士们赶快上马出征）

8. （点琵琶声）琵琶声声，军旗猎猎，（点战马嘶鸣声）战马嘶鸣，出征在即，这样的场面可用什么词来形容？（热烈、豪迈）谁再来试试？（指名读）

9. 请读出你们的热烈与豪迈吧。

（设计意图：诗中有画，画中有诗，运用图片、音乐、视频、教师富有激情的语言，创设情境，融情想象，学生很快地理解了第一句诗的意思。）

（二）品读第二句诗。

1. 即将奔赴沙场，将士们却还喝这么多酒，不怕喝醉吗？为什么？用诗中原文回答就是——（出示第二句）

2. 这里的"人"指谁？（出示：古来征战几人回？）你们认为这一句要用怎样的语气读？（对比出示）

古来征战几人回。

古来征战几人回？

3. 你们从这句诗中读出了什么？（出征的将士们没几个人能活着回来，大部分都战死了）

①是啊，从古至今出去打仗又有几个人能活着回来呢？我们先去看看边关的战场吧！（课件展示惨烈的战争厮杀的视频）

②看到这样的场景，你想说点什么？（板书：残酷）

③然而就在这次酒宴后，将士们就要奔赴这残酷的战场，等待他们的会是什么？（是与亲人的永别，是宝贵生命的失去。学生自由说）

④醉卧沙场君莫笑，此时此刻，你会笑吗？（出示提示语）

我不会笑，因为——

我岂敢笑，因为——

我怎能笑，因为——

⑤师：我也不敢笑，因为这也许是他们喝的最后一杯酒，因为自古男儿出征，有几个人能活着回来呢？不信的话，请跟随老师来看看。（出示课件）

年年战骨埋荒外，空见蒲桃入汉家——唐·李颀《古从军行》

黄沙百战穿金甲，不破楼兰终不还——唐·王昌龄《从军行》

凭君莫话封侯事，一将功成万骨枯——晚唐·曹松《己亥岁二首》

秦时明月汉时关，万里长征人未还——唐·王昌龄《出塞》

⑥你看到了什么？（学生自由说）

此刻的他们，明知道奔赴战场，要面临死亡，仍在高兴地喝酒，将士们眼中只有这红红的葡萄酒而别无他物，这是为什么呢？

也许是——面对残酷的战争他们想举杯消愁。

也许是——对家中的父母妻儿依依不舍。

应该是——即将奔赴沙场前，将生死置之度外的壮烈与豪迈。

（板书：豪迈）

⑦让我们将他们这种壮烈与豪迈读出来吧。（引读）

⑧是啊，这一醉，（板书：醉）醉在这热烈的气氛，还有什么不能看开呢？这一醉，醉在这残酷的现实，在潇洒中实现自己悲壮的辉煌；这一醉，醉在这豪迈的气概，"为国捐躯，视死如归！"

4. 让我们也醉在这千古绝唱中吧！（播放《凉州词》唱诗：男生跟唱之后女生跟唱，最后齐读古诗）

5. 我们从歌声中听到了悲壮，更听到了"为国捐躯，视死如归"的豪迈气概！千百年来，多少视死如归的勇士，他们就这样胸怀壮志，共赴困难，精忠报国，魂归关外。让我们再一次来吟诵这千古绝唱！

（出示古诗）

（品读第二句诗，一段边关战场厮杀的视频展示，让学生仿佛置身于残酷的战场，"亲眼"看到了战争带来的残酷，然后补充体现战争残酷的其他诗句，最后播放《凉州词》的唱诗，在音乐的渲染中，学生不仅理解了诗意，而且对古诗所表达的情感也深刻地理解了。）

（三）拓展学习其他边塞诗。

其实，我们今天学的《凉州词》，体现了边塞健儿为国捐躯，视死如归的豪迈气概，边塞诗体现的思想内容极其丰富，接下来，请同学们运用今天学到的方法再次走进几首边塞诗，去感受边塞诗的无限魅力。

1. 出示：古诗

夜上受降城闻笛

［唐］李益

回乐峰前沙似雪，受降城外月如霜。

不知何处吹芦管，一夜征人尽望乡。

马

［唐］李贺

大漠沙如雪，燕山月似钩。

何当金络脑，快走踏清秋。

从军行

［唐］王昌龄

青海长云暗雪山，孤城遥望玉门关。

黄沙百战穿金甲，不破楼兰终不还。

2. 请同学们根据导学卡自学古诗

♥《夜上受降城闻笛》导学卡

①诗中描写了哪些景物？运用了什么表现手法？

②诗歌抒发了作者什么样的情感？你从哪里体会到了？

③你学过的古诗中，还有哪首诗表达的思想感情与这首相同？

♥《马》导学卡

①诗中描写了哪些景物？运用了什么表现手法？

②诗歌抒发了作者什么样的情感？你从哪里体会到的？

③你学过的古诗中，还有哪首诗表达的思想感情与这首相同？

♥《从军行》导学卡

①诗中描写了哪些景物？运用了什么表现手法？

②诗歌抒发了作者什么样的情感？你从哪里体会到的？

③你学过的古诗中，还有哪首诗表达的思想感情与这首相同？

3. 看来同学们都信心满满了，来，哪个小组先来汇报。

①以小组的形式汇报。每一个小组合作学习后汇报，小组汇报的时候，其他小组进行补充，完成对古诗的赏析。（点按出示诗句）

总结：古来征战，戍边男儿或策马驰骋，或刀光剑影，或醉卧沙场，或马革裹尸，都不减男儿英雄本色。通过今天的学习，我们看到了他们的铮铮铁骨，也看到了他们的思乡情怀，更感受到了边塞诗的雄浑开阔，苍茫悲壮，希望同学们课后再去深深地体会边塞诗，感受边塞诗的无限魅力。

（设计意图：运用学习《凉州词》的方法，自主学习其他三首边塞诗，实现以一篇带多篇的方法迁移。）

板书设计：

美酒　夜光杯　壮烈　豪迈

莫笑　几人回　视死如归

观摩刘诗兰古诗词

——《凉州词》教学有感

　　语文教学，更确切来说是母语教学，"母"意味着根，源泉，本质，如果将语文教学归结于练习、应试，总有点南辕北辙的味道。2017年在长沙听了蒋军晶老师《武松打虎》一课，一节课居然有如此多的阅读量令我震撼不已。今年11月份参加南京亲近母语活动，聆听了窦桂梅老师的课，课堂上，我看到的是不一样的语文教学，学生热情高涨，用方法学方法，阅读量信息量都非常大，然而却毫不疲倦，极有探索欲与发现欲。有了前面的基础作铺垫，今天有幸在自己的第三完全小学观摩了群文阅读教学展示，实在是兴奋至极，高兴之至。

　　《凉州词》在刘诗兰老师的教授下，不承想原来可以辐射出如此宽广的语文视角。独具匠心的边塞诗介绍，看似给学生了解知识，其实里面更渗透着边塞诗的学习方法：可以从风格、情感、意象、手法等方面来学习边塞诗。"1+X"群文阅读教学，"1"是一个关键起点，起点没做好，"X"的自主学习根本无法有效展开。刘老师在引导学生学习古诗时可谓"抽丝剥茧"，她和学生踢了一场精彩的足球，她负责发球，绝不一人单打独斗，经常把球踢给学生，让学生完成精彩的进球。先是从古诗意象入手，让学生谈感受，学生能够明显感受诗人表达的情感。刘老师反复提问：你读到了什么？你看到了什么？你又感受到了什么？

谈完感受，又把感受带进去读，循环往复，学生离作者越来越近。"醉卧沙场君莫笑，古来征战几人回?"一句，最能巧妙体验"边读边悟，边悟边读"的学习方法。古诗具有含蓄的特点，这也是学生很难领悟到的一个层次。"笑"是诗中的诗眼，而刘老师在处理这个字上可谓是别出心裁。先播放关于战争的视频，在音乐的感染下，在画面的冲击下，在前面环节学习的领悟下，学生感触颇深，自己也感觉到了悲惨壮烈。置身其中，看到如此残酷的战争你还会笑? 我不敢笑、我怎能笑、我岂能笑，因为……提问的设计，已经超越了教材，超越了诗词，直达每个孩子内心最柔软之处——情感。学生说得非常精彩，从亲情，从爱国，从战争的残酷分别阐述，又完成了一次精彩的进球。这首诗已经接近尾声，师生齐唱，满含情感。

我以为课堂到此处就已经结束了，因为已经无可挑剔了。让我又一次震撼的是，课堂才完成了一半。接下来出示三首边塞诗《夜上受降城闻笛》《马》《从军行》，让学生小组合作学习。其实小组合作学习真的不仅仅是学生的讨论，对学生的能力要求更高。课前需要有充分的预习，查资料，小组中要有领导者，负责分工、合作、协调，还要确定中心发言人，汇报小组成果。表达、合作、交流必须贯穿始终，所以能更全面地培养学生能力。群文阅读没有集体学习，学生一人根本无法承担任务。从学生的小组合作交流和汇报来看，学生很好地掌握了前面学习的方法，能够大胆自信表达自己的观点和收获。整个过程，学生都完成得很流畅，可见平时训练有素。先是在小组中展开讨论，再到全班进行大讨论，问题就像豆子被筛子一遍遍过滤，过滤的过程就是学习。

在这样的课堂，能够明显感受到学生主动学习的渴望，他们能够大胆地去发表自己的观点。学方法，用方法，去解决问题，学生已经逐渐地走到了课堂中央，成为课堂的主人。信息社会飞速发展，不会阅读，不会获取信息，终将被淘汰。语文教学更准确地说是母语教学，光靠教材的几篇课文，光靠老师灌输，学生不可能找到母语的根、母语的魂。唯有给孩子一把钥匙。让他们开启母语世界的大门，自发自主地探索。语文教学教给孩子的应该是一生有用的东西，是一个能够激发他们的点，他们可以从这个点去创造一个面，再由这个面去建构世界。

曾主任在谈到如何进行群文阅读教学时，提供了很多宝贵的建议，我也受益很多。其实，我觉得有三点非常重要：1. 教师用自己的阅读兴趣去唤醒孩子的阅读兴趣。2. 用方法引导孩子阅读。3. 建构全新的课堂，让孩子成为课堂的主角，小组合作学习是一种比较有效的模式。听了一上午的课，进一步打开了自己的语文视角，脑海中翻过孟子的一句话："天油然作云，沛然下雨，则苗浡然兴之矣！其如是，孰能御之。"

（宜章县城南中心小学　彭勇）

观摩刘诗兰古诗词

——《凉州词》教学

    2018 年 12 月 21 日，我有幸在宜章三完小听了刘诗兰老师的《凉州词》一课，这堂课充分体现了 1+X 群文阅读的特点。刘诗兰老师对孩子们感情的熏陶、培养，令我大开眼界，受益匪浅。

    腹有诗书气自华，这是我非常喜欢的一句话，我羡慕这样的状态，也想朝这个方向去努力，而刘老师在这堂课所展现的正是这样的状态，我为之折服。刘诗兰老师的教学语言内涵深刻，充分地展现了教学语言的魅力；教学过程感情丰富，富有感染力，学生在刘老师的感染下，深深沉浸在诗歌意境中。教学环节完整，过渡语自然，充满诗意，学生随着教师的引导，自然而然地由上一个环节进入下一个环节。课堂过程顺畅，毫无卡顿，可见学生和教师的课前准备都很充分。本堂课中令我印象最为深刻的地方有以下几点：①教师充分利用微视频辅助教学。在教学过程中，刘老师用到了三个视频，分别是：课堂开端的边塞诗的基础知识讲解，使学生在学习《凉州词》前充分了解边塞诗的相关知识，为课堂奠定了本课的感情基调，规划了本课的学习方向，为后面的同类诗歌的学习提高了学习起点。课堂的高潮部分，为利于学生充分感受理解诗句"醉卧沙场君莫笑，古来征战几人回"，刘老师精心准备了一段古代战争场面的短视频。画面惊心动魄，音乐慷慨激昂振奋人心，相信不只学生，还有在座的老师都深受感动。我被这强烈的悲壮感、豪迈感所征服。无疑，这段视频简直可以称得上本堂课的点睛之笔。学生在这段视频中深刻感受到了古战场的残酷，产生了强烈的共情，并且非常有表达的欲望。在《凉州词》的学习接近尾声时，刘老师为孩子们准备了一段《凉州词》的唱诗，曲风悲凉，学生情感在此处得到升华，在诵读诗歌时感情充沛。除此之外，在学习诗歌"葡萄美酒夜光杯，欲饮琵琶马上催"时，刘老师播放了一段音频，略显急促的琵琶声，由此来带领学生感受"催"字，催什么呢？学生猜想：催战士们上战场、催战士们痛饮此杯……在这里，学生情不自禁展开自己的想象。②同类诗歌的学习，实现学习一首诗，学会一类诗。在学习完《凉州词》后，刘老师为孩子们准备三首非常典型的同类诗歌《马》《从军行》《夜上受降城闻笛》在这几首诗中，包含着边塞诗典型常见的意象，可见，在课外诗歌的选择上也是精心设计的。同时，这一环节，教师给了孩子们充分自学交流讨论的时间，充分地发挥学生的主观能动性，而孩子们的回答更是令人惊叹。几个不同的小组就诗歌的意象、写法、作者、修辞等方面都做出了汇报，可见，学生的课前准备充分。他们向在座的老师展现了三完小学生不一般的风采。③教师对学生诵读的感情把握循循善诱，层层递进。刘老师并没有轻易或者直接告诉学生应该用什么样的思想感情来读诗歌。听完这堂课，我觉得自己平时教学时，在指导学生诵读诗歌把握情感时存在误区。我们经常希望孩子们在初步接触时就能略带感情，在学完课文后能够感情丰富地朗读诗歌或者课文，但是，我们往往对孩子们的感情启发不够到位，教师经常会沉不住气，直接指导孩子们说"我们应该要用……的感情来读课文"或者"请同学们带上……的情感读课文"，这样的朗读指导就显得很是生硬。而刘老师在指导学生诵读这一方面给予了我启发。首先，在导入部分，刘老师给孩子们播放了关于边塞诗的基础知识，其中包括边塞诗的四大类感情，学生对本课边塞诗的感情有了大体的方向。其次，学生汇报预习成果，介绍了诗人作诗的背景。然后点学生来诵读诗歌，此时，对学生的诵读要求应该是读通诗歌，读准字音。令我印象深刻的是接下来的学生齐读，一名学生在上面表演自己想象的"葡萄美酒夜光杯，欲饮琵琶马上催"的画面，将士的动作，学生动作简单，却表达出了自己内心对豪迈的理解。还有师生配合诵读的环节也给我启示，第一遍学生诵读诗歌的前四个字，教师诵读诗歌后三个字，教师读时感情丰富鲜明，语气有语境上的变化，充满了感染力，为第二遍师生配合诵读，交换诵读内容时，学生读的部分提供了示范。最后，学生齐读整首诗歌，这时候学生对诗歌的诵读已经深受教师的感染，能够更深地感知诗歌的情感，在诵读时就很自然地带上了情感。

本堂课实现了重难点的突破，教师通过视频，音频，诵读等多方式创设情境，让学生掌握诗歌的中心思想，实现感情的熏陶，与诗歌产生强烈的共鸣。学生通过课前预习、想象，自主学习，小组交流，汇报分享等方式充分发挥主观能动性，学生在课文学习上的主体地位得到实现。总之，这堂课于我而言是一场视觉听觉的盛宴，更是一场心灵的洗涤。我能够听到这堂课，真的太幸运了。

（宜章县麻田小学　胡玉娟）

捧苦难之花　奏生命长歌
——《童年》整本书阅读分享

一、教材分析

本册"快乐读书吧"的主题是"笑与泪，经历与成长"，引导学生阅读与儿童成长相关的中外经典小说。这是本册"小说"单元的拓展与延伸，把小说单元中的《桥》《穷人》《在柏林》三篇经典短篇小说的阅读策略用于整本书的阅读。因此，我选择了"快乐读书吧"推荐的书目——高尔基的《童年》，旨在引导学生通过整本阅读这本书，走进阿廖沙的童年生活，与主人公一起分享欢笑与喜悦，经历磨难与痛苦，从中汲取成长的智慧与力量，同时激发学生进一步阅读其他名著的欲望。

二、教学目标

1. 通过阅读分享，让学生掌握整本书阅读的一般方法，"说梗概、知情节""品人物、悟形象""联实际、成对比""谈收获、得真知"。

2. 能基本说出小说的故事梗概，并能正确运用思维导图梳理人物关系与故事情节，说出自己印象深刻的人物与故事情节。

3. 根据所学的描写人物的方法，分析人物形象，感受人物特点，并能简单评价人物，从中受到启发。

4. 通过了解主人公的童年，能够正确理解苦难对于成长的意义，并学会多角度看待童年。

三、教学准备

1. 熟读《童年》一书，对阿廖沙、外祖母和外祖父等人物有自己的分析，并画好人物关系的思维导图。

2. 查阅资料，了解作者高尔基的有关知识，包括其他读者对《童年》这部书的评析。

3. 收集好学生的读后感。

4. 多媒体课件。

四、教学过程

（一）导入（老师用诗一般的语言导入，激起学生分享的欲望）

印度著名诗人泰戈尔将童年比喻成最美的金色花。冰心忆起童年时也曾说道："童年啊！是梦中的真，是真中的梦，是回忆时含泪的微笑。"今天我们把高尔基的《童年》全部读完了，现在，就让我们一起来分享这部世界名著的书香吧。

（二）说梗概、知情节

1. 在第四单元，我们学了小说，谁来说说小说的三要素？（情节、人物、环境）情节是小说三要素之一，开端交代背景，铺垫下文；发展刻画人物，反映性格；高潮制造冲突，解决矛盾；结局深化主题，留下思考。那么，《童年》的开端、发展、高潮、结局都是怎样的呢？（学生根据自己对书中的记忆内容自由汇报，老师从中点拨，引导学生把小说的开端、结局、发展、高潮基本梳理出来。）

2. 你们能用一段话把开端、发展、高潮、结局连起来，说说《童年》的故事梗概吗？（把概括文章主要内容的方法——连接段意法，用于概括故事梗概。）

3. 还有其他的方法来概括书的梗概吗？（与学生在课堂中探讨其他说故事梗概的方法，教方法是为了让学生能更好地与别人分享故事梗概。）

4. 你们都是会读书的孩子，这样的话，你们就把一本厚厚的书读薄了。（把书读薄的方法之一：能说故事梗概。）

5. 那么，书中哪处情节留给你的印象最深。（课件出示情节思维导图，学生自由说印象深刻的情节，对《童年》的情节进行再一次回顾，也是对学生读书效果的一次检验。）

（三）品人物、悟形象

1. 情节的作用是刻画人物形象，如果说情节是冰糖葫芦那根串葫芦的棍子，小说中的人物就是那一个个精美的葫芦。在《童年》这本书中出现了众多的人物，我们可以利用思维导图列出文中主要人物，明晰人物之间的关系。（课件出示学生看完书后自己画的人物关系思维导图。）

（1）展示学生的思维导图。（收集学生看完书后的思维导图进行一一展示，让学生欣赏自己作品。）

（2）学生自己上台介绍人物关系与个性特点。

2. 看来，画思维导图，可以比较快地理清人物的关系，同时还能把人物的鲜明特点总结出来，这真是一种很好的阅读方法。那么，《童年》中的哪个人物深深地刻在了你的脑海里呢？

（学生说留给自己印象最深的人，并说说为什么会留给你这么深的印象？主要启发学生去分析人物形象，并在学生发言时归纳、提炼写作方法。）

（引导学生在分析人物的过程中，能到书中寻找出描写相应人物的各种细节描写。）

3. 感受人物性格的复杂性和矛盾性（以外祖父为例）。

文学总要反映生活的复杂性，人物刻画也是如此，一个成功的人物形象不仅具有鲜明的性格特点，也应当有人性的复杂性和矛盾性。（外祖父除了有残暴、自私、凶狠的一面，引导学生再次走进书中感受外祖父其他的性格特征。）

4. 通过大家的分享，你对人物的刻画有了其他方面的认识吗？（引导学生多角度分析人物形象，这样，学生就能用这样的方法去阅读更多的书籍。）

5. 小结：是的，人物是小说的灵魂，人物的刻画要塑造得栩栩如生，需要情节的推动与各种写作方法的辅助，而情节的跌宕起伏也需要人物不断参与。《童年》里的每一个故事，每一个人物，令人悲哀但又不过于沉重，它让人在黑暗中看见人性的光芒，在悲剧中感受亲情的温暖，在逆境中生长爱的力量。孩子们刚才的分享，我发现你们已经找到了分析人物的方法，真的难能可贵。

（分析人物的方法：一是分析人物最鲜明的性格特征，抓住对人物的外貌、语言、动作、神态、心理活动等细节描写，感受人物的性格特点；二是挖掘人物其他不容易发现的性格特征，引导学生深层次地走进名著的每一个细微处；三是通过看其他读者对书中人物的评价，获得别样的阅读感受。）

（四）联实际，成对比

1. 萧红的童年有祖父陪伴，在园子里快乐玩耍，她的童年是幸福的；海伦·凯勒从小双目失明，双耳失聪，她的童年是不幸的；《草房子》中桑桑的童年有一群伙伴一起成长，他的童年是自由的，无忧无虑的；高尔基的童年是充满苦难的，小小年纪便饱尝世态炎凉，人间疾苦。你的童年是怎样的？请用三个关键词概括出你和阿廖沙的童年，并说说为什么要用这几个词来概括。

（通过对比，感受不一样的童年，引导学生理解"苦难"对于成长的意义，同时更珍惜现在的幸福生活。）

2. 根据课堂实际，教师也可以分享自己的童年生活。（与学生分享自己的童年生活，这样更能够激起学生对童年生活的记忆，让学生感同身受，引导学生从小树立正确的人生观。）

（五）谈收获、得真知

1. 其实，我们阅读书籍，不仅仅是为了了解书中的内容，更重要的是要吸取书中的营养，读过之后要有所悟，有所得，让自己变得充实而又博学起来，你觉得读完《童年》后最大的收获是什么？

（学生自由汇报自己的读书所得，可以采取多种形式展示。）

2. 根据学生的汇报内容，老师有代表性地展示学生的读书成果。

（1）展示《童年》另外一些人物思维导图和学生画的《童年》手抄报。

（2）展示读后感中学生不走寻常路的文言文版读后感，把学生手写的原文晒出来欣赏，让学生明白即使是读后感，也可以用多种形式来体现。

（3）展示学生写在作文本上的儿童诗，以感受用儿童诗写童年的妙处。

3. 说故事梗概与情节，再通过多角度地分析人物形象，我们把《童年》这本书读得越来越薄了，其实，我们还可以把书读得更薄，可以把自己的所思所感浓缩成一句最精炼的话，形成自己独具个性的"名言"。

4. 学生自由说自己的"名言"，并署上自己的大名。（让学生学会萃取，学会归纳，让自己的语言变得更加精炼。）

总结：读书，也许无法达到你想要的高度，但一定是你想去看世界的路，也是最容易走的那条路。愿我们与经典同行，为人生奠基。与名著同行，为生命阅读。

板书设计：

《童年》

捧苦难之花

奏生命长歌

怎样做一名合格的老师

请大家观看一段小视频，你们看到了什么？如果让你用一个关键词来形容，你会用哪个词呢？我会想到"生命"。这个生命有两层含义：一是破土而出的生命，代表着我们的学生；一是怒放的生命，代表在座的你们。当生命与生命进行碰撞的时候，便有了我们今天的教书育人。

我们在这里集中培训，其实就是促进教师群体的专业发展，而教师的个体专业发展，是在专业的教师群体发展之后的一个实践、创新、历练的过程。教师的个体专业发展，主要包括以下三个方面。

一、专业理想是推动教师发展的巨大动力。

想成为一个什么样的教师很重要，你得给自己树立职业理想。是完成教学任务，每天重复昨天的故事？还是边教边学，让明天的故事比今天的故事精彩一分？抑或是教后常思，续写未来绚丽多彩的故事？所以说，眼界与格局很重要。高度不够，看到的都是问题，格局太小，纠结的都是鸡毛蒜皮。"人"与"山"为友就成"仙"了。"人"与"谷"为友太"俗"！如果我们在原地踏步，混于世俗的洪流中，我们的格局就显得太小了。年轻的你们，应该反省自己：你目前站在哪个位置，思考怎样脱"俗"成"仙"，真正能改变你的眼界与格局的人，只有你自己。

请记住：你读过的书，走过的路，遇见过的人，就是你的人生格局。

二、专业知识是教师专业发展的有力支撑。

我们常说眼界再高，格局再大，如果只有专业理想，没有实际行动，一切都是海市蜃楼。我们必须用实际行动来拓展我们的专业知识，因为专业知识是教师专业发展的有力支撑，我们得先学习专业知识，再把知识运用于我们的教学实践中。

说到学习，我认为可以分为两种，首先是读有文字的书。读专业的书，它可以引领我们教学方向不偏离；读其他的书，可以陶冶我们的情操，丰富我们的生活。书把教师托多高，取决于教师触摸过多少文字，书把教师带多远，取决于教师品味过多少书香；其次是读一本无字的书。就是跟我们身边的人学习，跟比我们优秀的人学习。这是一个跟谁在一起的时代，也是一个回归学习本质的时代。教师和谁在一起真的很重要，与智者为伍，教师会不同凡响，与高人做伴，教师能登上高峰。当我们把专业知识运用到教学实践后，你的专业成长之路已经走好了第二步，接下来得提升我们的专业能力。

三、专业能力是教师发展的核心要素。

专业能力的提升，从提升自身的素养开始。自身素养高了，我们的课堂才能高效，教学名师总诞生在每一个高效课堂中。我们该从哪些途径来提高我们的自身素质呢？

（一）博览群书，增加阅读量，扩大自己的知识储备。

前面，我已经谈到过关于读无字书和有字书的观点，在这里，我得提高一个维度。就是把自己所读的书生成文化，我们老师必须有文化，如果老师没有文化，心中就没有思想与精神支撑，就会成为一个心中无情、无他人的人。

教师文化的缺失会导致课堂的僵化，因为视野不宽，教书就乏招；底蕴不厚，何来创新；修养不足，育人乏术；情趣不多，你的育人生活必定乏味。可见，教师如果没有文化真是可怕呀！

（二）练好一手粉笔字，成就自己的书写示范。

大家看到的这三块黑板上所写的字，是 2019 年小学语文教师素养大赛 1、6、3 号选手所写的粉笔字。我认为他们已经具备了粉笔字的书写素养。也许有人认为随着信息技术在迅猛地发展，粉笔字几乎可以不再被重视，因为它可以用多媒体代替。但我总认为：粉笔字，它是一个教师向学生传达知识最快捷的一个途径。不要忘了，汉字还是我们中华民族的瑰宝。作为教师，我们承担着传承我国汉字的重任！如果说我们在义务教育阶段就已经不让孩子练好一笔字的话，我相信中华民族的传统瑰宝就会在我们这一代遗失。如果一个老师能写一手好的粉笔字，它是可以给学生产生深远影响的。你的字写得好，你就能言传身教，学生的字也会更好。所以呀，我们总会发现一个规律：一个书写规范的班级后面，一定有一位热爱书法，字写得相当好的老师！

（三）学会表达与萃取，在实践中强化自身的语言表达能力。

首先，我想请大家观看一段视频。这是电视剧《我的兄弟叫顺溜》里面的一个片段。通过刚才的观看，请大家思考：顺溜枪打得那么准，但要他介绍经验，为什么他却说不知道？翰林没摸过枪，但谈到打枪经验时，为什么全部说对？

其实顺溜很会打枪，而且打得那么准。可他不会表达，更不会总结经验，只知实干；而没有摸过枪的翰林，却能准确无误地总结出顺溜打枪的经验和方法，那是因为他认真观察了顺溜打枪的过程，会表达、会萃取。作为教师，我们应该是顺溜和翰林的结合体。我们不仅要会做，实干，而且要学会总结，更重要的是学会萃取，这样的教师才能让学生学到更多的东西。所以说我们老师就应该做到：站着会说——心中有料；坐着会写——肚里有墨；躺着会想——脑里有智慧。

（四）心中有书（教材），眼中有人（学生），在实践中练就教学本领。

课堂是教学的主阵地，都说教学是一门艺术，这门艺术境界的高与低，完全取决于你这个主角。要让学生喜欢你的课堂，首先得让学生喜欢你。你具备了让学生喜欢你的魅力了吗？你的人格魅力决定学生喜欢你的程度。所以，走近学生，从贴近学生的心灵开始。而驾驭课堂，从认真地研读教材开始。教材是教学的根，年轻的老师，一定要从钻研教材开始，你只有对教材掌握于心，才能在课堂中运用自如，一堂精彩的课，老师对教材绝对是运用自如的。

（五）加强学习，掌握教师常用的软件，为教学助力。

在这个信息化快速发展的社会，一个年轻教师如果不懂得信息技术的运用，这个老师的课堂肯定是没有办法变得灵动而富有生气的。在教学的过程中，我们总会碰到许多教学重难点，它们是我们用传统的教学手段无法突破的，这需要借助信息技术。

说到这里，我想跟大家分享一段忘年之交的碰撞：2018 年 12 月 21 日，我代表宜章县信息技术融合团队语文学科，在我们三完小上了一堂"1+X"群文阅读课——《凉州词——走进边塞诗》，得到了听课教师的认可，当我拿起手机的时候，我看到了一个添加朋友的请求，是城南小学的彭勇老师，我窃喜：我这么大年纪了，还能收获一枚 1 米 82 的又高又帅的小鲜肉粉丝！我添加他后，我看到了他边听课边写的听课反思，短短的时间，就能写出这么有深度的听课反思，真的是难能可贵！还有麻田的胡玉娟老师写的听课心得也让人耳目一新，要知道，他们都是才上班三年的老师呢！特别是城南的彭勇老师，这个从教才三年的语文老师、班主任、学校教研人员，今年在公益组织的帮助下，到北京、南京、青岛、长沙、郴州等地学习。他喜欢体育、书法、阅读、写作。三年来，在教育教学方面的写作累计超过20万字。初步确立了读书、写作、思考、实践、行走五位一体的教师专业发展途径。我震撼！一个从教三年的男孩子，动如脱兔，在球场上叱咤风云；静如处子，在古诗词，现代文学的领域里游刃有余。我认为他就是当代四有老师的模范！今年的5月13日，出于对古诗词的酷爱，我们坚持每天背一首古诗词，催生出"诗酒年华诗社"，请欣赏我们诗社的简介——青年教师要想快速成长，必须有理想、有实践的决心。人生有两条路：一条需要用心走，叫作梦想；一条需要用脚走，叫作实践；实践就是要去实干，舞台再大，自己不上台永远是个观众，平台再好，自己不参与永远是局外人，能力再大，自己不行动，只能看到别人成功，只有参与、实干、拼搏的老师才会是合格的、更是优秀的老师。

最后把我的座右铭与大家共勉：一事精致，便能动人；从一而终，就是深邃。我们都是追梦人，愿在座的你们都是教育的追梦人！

"语"见美好，"语"路同行

盛夏忽已暮，浅秋正渐浓。

"一事精致，便能动人。从一而终，就是深邃。"我与宜章小语工作室成员本着因"语"结缘的初衷，一路"语"见美好，坚持"语"路同行，患难"语"共，在"语"路花开的诗意旅行中，渐行渐远，力求精致，寻得深邃。两年来，我们宜章小语工作室在局领导的热切关心和科学的指导下，在各成员校领导的大力帮助下，在全体成员的共同努力下，依据教科室的工作要求和小语工作室的工作规划，有条不紊地展开活动，取得了可喜的成绩。我从工作室的"建设思路""研究重点""工作成效"三个方面进行交流分享。

一、建设思路：单丝不成线，独木不成林

（一）遵循"核心"理念，发挥"辐射"作用

宜章县小学语文工作室正式成立于2020年12月7日，工作室以"引领提升，互学共进，创新求真"为核心理念，以提升全县小学语文老师的科研能力，帮助一线语文教师解决教学中的难题，全面提高学生的语文素养为目标，扎实发挥工作室示范、指导、辐射、带动作用，校室携手，同伴相助，助提全县小学语文教学教研品质，助推学生素养和教师专业的发展。

（二）抓好"团队"建设，"量变"推动"质变"

（1）凡事预则立，不预则废。在每年度初，我们小语工作室的辅导员、宜章小语届的泰斗——曾主任都会和我组织宜章小语工作室成员一起开会研讨，群策群力，明确本年度工作室的核心目标，确定宜章小语工作室的研究重点，制定工作室详细具体的工作计划，保证接下来的工作有的放矢，有条不紊。可以说，曾主任的引领是我们小语工作室前行的最大动力，有了她，才有小语工作室最美好的明天！

（2）及时总结，不断反思。每年年末，我们工作室都会及时组织小语工作室成员一起总结本年度的工作，对做得好的地方给予肯定，不足之处逐一点出，并给出具体的指导意见，及时总结，不断反思，在学习、探索、实践、反馈、再实践中逐步成长。

（3）一人行速，众人行远。宜章小语工作室自承办以来，广泛吸收各校勤奋好学、积极肯干、综合素质高的语文教师，汇聚师资，工作室成员集思广益，发挥各自的特长，让公众号成为真正属于宜章小学语文教师的一块方便搜索资料的"福地"、一块指点迷津的"指南针"。旨在用工作室成员的"量"变，加大辐射引领的范围，进而推动全县小语教学的"质"变。

（4）博观而约取，厚积而薄发。作为语文老师，我们工作室成员时刻都在学习理论的路上。向名师学：今年5月6日，线上学习《核心专家权威解读 义务教育新课标系列公益讲座·第一场——语文》；5月20日，线上观看《郴州市阅读教学竞赛课例直播》；5月21日，线上观看吴忠豪教授的《经典阅读与学习任务群》主题讲座；5月27—28日，线上组织学习中国教师发展基金会组织的《小学语文素养导向的单元整体教学研讨活动》，每次活动，老师们均以饱满的热情投入学习。老师们专注的态度，认真听课的记录，都是老师渴望专业成长的最好见证。向书本学：工作室成员利用一切空暇时间，从《语文的生命意蕴》《一线教师》《爱的教育》《教育的细节》《儿童的语文》《叶圣陶语文教育论集》《语文科课程理论基础》等书本汲取专业知识，提升自己的业务能力、专业水平，积极撰写读书笔记、读书心得，在2022年全县学科工作室读书心得征集评选中，小语工作室成员所投稿件均获佳绩：刘诗兰、邓美娟、李苏萍等16位老师荣获一等奖，黄飞、谭江平等6位老师荣获二等奖。向技术学：每个工作室成员都积极学习，刻苦钻研学习公众号上传资料、上视频的方法，学习录制微课的方法，各司其职，齐心协力，把本年度获奖的优质课、教学案例、精品课、精彩讲座全部上传至公众号，供全县小学语文老师学习，扩大"辐射、引领、带动"的范围。

（5）仰之弥高，钻之弥坚。为保证工作室展示课的质量，每次活动，一旦确定课题，立马综合考虑确定执教老师，由执教老师深钻教材，精心备课。小语工作室分组积极听课、评课、磨课，剔除这样那样的花样，干干净净、认认真真、实实在在地教语文。每一节课的试教和互评，都凝聚了团队的智慧，又融合了团队的互助，只有博采众长，方能相得益彰！因此，最终的展示课都以高质量出品，在全县小学语文教师面前真正起到示范的作用，让老师们听有所获，学有所得，真正实现"干货满满"的教学构想。

（6）重考评，强激励。工作室平常考核，考评工作室成员，打分，每个人根据自己获得成绩进行量化。教育局对全县工作室进行过程性评比，小语工作室以绝对的优势获得"优秀工作室"称号，成员刘诗兰、徐向霞、黄文兵、彭勇、刘丽珍获得"优秀成员"称号。

二、研究重点：抓统编教材"特点"，有的放矢进行"研究"

（一）阅读策略重研讨，精诚团结收获多

统编教材的难点课例之一：阅读策略单元长篇文章的教学。

为攻破统编教材难点典型课例，为全县小学语文教师解决面对难点课型无章可循的问题，2021年4月7日在三完小，以彭勇老师执教的六年级上册阅读策略单元第三课《故宫博物院》一课为课例，进行了集中探讨和研究，最终达成了共识：阅读策略单元以阅读策略为单元核心目标，同时关注运用策略理解内容的思考过程。"基于要素""基于学情""基于技术""基于学习"和"基于目标"设计课堂，引导学生运用"有目的地阅读"策略，首先采取浏览、抓关键信息的阅读方法自主阅读，根据任务恰当选择阅读材料；再根据任务细读选择好的阅读材料，完成任务。不仅能在课堂上综合运用学过的阅读方法和策略，还能让学生走近文本，感悟语言文字，培养学生对文化的自豪感，实现立德树人的目标。这节课，4月份在市里的连片教研活动展示时，得到了专家和老师们的一致好评，2021年，被评为省级优秀案例。

（二）推进"整本书阅读"，辛勤耕耘有成效

统编教材的难点课例之二：整本书阅读教学怎么教。

对于统编教材的"整本书阅读教学"怎么教，很多老师都是无从下手，无路可循。基于此现状，2021年6月，宜章小语工作室对于"整本书阅读教学"开展了一系列的研讨活动。一是6月9日成功开展了宜章县小学语文"整本书阅读"教学研讨活动。三完小的钟军清老师、刘诗兰老师、黄萍老师分别上推荐课、推进课、分享课，三节课质量高，堪称示范课，拨开了小学语文老师眼前的又一团迷雾。刘丽珍、李婕、范丽敏三个人的"整本书阅读推进"经验分享实用、可学。二是暑期开展了"整本书阅读"导读微课大赛，小语工作室完成了二、三、四、五、六年级

"整本书阅读"教学设计，并录制了 39 节导读微课，让所有老师重视整本书阅读，引领学生开展整本书阅读。为积极探索"培根铸魂，启增智慧"的育人功能，落实"多读书，好读书，读好书，读整本书"的课程理念，了解各校整本书阅读教学的情况，宜章小语工作室还组织开展了 2021 年寒假全县小学生整本书阅读"感想敢言"的评选活动，共收 380 篇文章，评出一等奖 163 篇，二等奖 163 篇。从学生的文章中，可以看到阅读带来的智慧，阅读赠予的快乐，书香浸润的美好。

（三）在"习作"上深耕，探索"教学"策略

统编教材的难点课例之三：习作教学怎么上。

2021 年下期，宜章县小语工作室以"立足课堂教学实践，研讨习作教学策略"为主题，开展了三次集体教研活动。开学初，教育局曾植英主任的《统编教材习作编排特点及教学建议》讲座为本期的习作研讨领航引路。11 月习作研讨示范课中，徐向霞老师的《扣教材内容，书习作真情》、李苏萍老师的《"易"于写作，"乐"在其中》，教育局曾植英主任的《善用教材 巧妙指导 精准评改》小学习作教学建议讲座更是让全县小语老师如醍醐灌顶，进一步揭开了习作教学的"真颜"。

2022 年上期，为探索习作策略单元教学模式，聚焦"习作策略单元教学"研讨，宜章小语工作室共计开展了 5 次教学研讨活动，5 月 18 日，在全县小学语文习作策略单元教学研讨活动中，范金莲老师、黄文兵老师、吴华丽老师、李苏萍老师成功地展现出了习作策略单元的教学模式，课堂质量高，实效性强。完整的习作单元四堂课精彩展示之后，黄海娥、欧南燕、杨秀萍、肖红老师从教材的整体把控、单元目标的落实、习作方法的指导、练笔讲评修改等方面进行细致、客观的评价。县教研室曾植英主任针对习作策略单元教学发表了《紧扣要素 整体教学》的讲话，更似一盏明灯，照亮了老师们习作单元教学的道路，让全县的语文教师如沐春风，对习作单元的教学有了具体的方法和明确的方向。一年来，小语工作室完成了三、四、五、六年级上、下册习作教学设计，并录制了练笔微课46节，并逐一上传至公众号，让每个习作教学都有优秀案例可参考，可学习，可运用。

（四）在"复习"上创新，实现"特色"增值

统编教材的难点课例之四：六年级的复习课如何上。

教研有道，探索无涯。为充分融合教育资源，探索"双减"背景下的"减负增效"课堂，扎实推进宜章县小学语文工作室工作的开展，为六年级的复习开拓创新，小语工作室在2021年的寒假，分类编写、整理了小六总复习干货，并于2022年开学初上传到了公众号，为全县小学六年级的复习教学提供了很好的资料。所有工作室成员还挤出时间，积极探索微课模式，不辞辛苦，互相学习，不断提升自己的信息技术能力，把小六复习资料编成了一节节有特色的微课，让复习有声、有形，更有实效性！让六年级的学生在家也有一对一的复习辅导！在2021年上期、2022年上期均开展了全县小六复习教学研讨活动，上课老师抓住复习要点，根据学生学情，回顾归纳方法，巧用练习巩固，讲评点拨提升，巧妙突破了复习内容中学生的易错点、疑难点。几位老师的课例点评，让与会老师不仅知其然，更知其所以然。

三、工作成效：辛勤耕耘结硕果，百花齐放满枝头

（一）一分耕耘，一分收获

两年来，经过小语工作室成员的不懈努力，不断研讨，小语工作室的成效显著，精品层出，影响力愈发强大，辐射面积也越来越宽广。截至2022年9月6日，宜章小语工作室关注人数累计1776人，群发文章170篇，阅读总量高达59340次，文章被分享4318次。小语工作室成员在各项比赛中也屡获佳绩。在教育教学比武中，小语工作室成员获国家级一等奖 1 次；省级一等奖 6 次，二等奖 2 次，三等奖 4 次；市级一等奖 8 次，二等奖 2 次；县级一等奖 20 次，二等奖 4 次；在指导老师教育教学比武中，获省级一等奖 2 次，市级一等奖 4 次，县级一等奖 35 次，二等奖 16 次。在各级论文征集评选中，小语工作室成员省级论文获奖 46 篇，市级论文获奖 10 篇，县级论文获奖 33 篇。在各级教研教学先进个人评比中，小语工作室成员获评"校级教研教学先进个人"10 人，"县级教研教学先进个人"达 25 人。

（二）引领提升，互学共进

两年来，小语工作室不仅为全县小学语文教师搭建了一个学习与交流的公众号平台（资料随时可查、可用），还营造出了一个积极向上的语文科研氛围，为全县的小学语文教师解决了部编教学中的诸多难题与困惑，引领着全县小学语文教师走在了教育教研的最前端，全面提升了全县学生的语文素养。

水本无华，相荡而成涟漪；石本无火，相击而发灵光。"语"你同行，是一场美丽的邂逅，"语"你研讨，是一次诗意的修行，"语"你提升，是一次快乐的奔跑。行远自迩，笃行不怠。未来的我们，值得期待，我们的未来，携手并进。相信在局领导的热切关心、指导帮助和各学校领导的大力支持下，我们宜章小语工作室定会凭着"长风破浪会有时，直挂云帆济沧海"的工作信念，换来"宜章小语百花开，花海绽放满园香"的工作成果。

第三篇

模式探究

第三篇

模式探究

扎根小学语文教学三十载，我发现语文教学亦有思路可循，思考路径和基本模式大体相同。作为一名教育工作者，未经思考，那人生是没有太大价值的。作为一名深爱小学语文教学的教育人，作为学校主管教学教研的负责人，作为小学语文工作室的主持人，无论是基于热爱，还是基于责任，我都应该要做些语文教学模式的研究。我认为，这既可以提升自己的教学质量，也可为更多的一线教师在教学上指明方向。

口语交际训练在其他课型中的
课堂教学新模式

一、口语交际课堂教学新模式

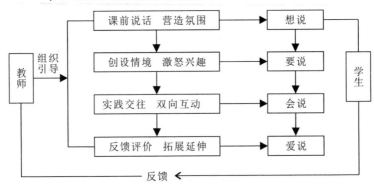

"基本模式"说明：

第一环——课前说话，营造氛围。教师在课前 5 分钟，布置说话内容或创设一个特定的情境，让学生进行口语训练。使学生的心理得到调节，尽快进入交际状态，为交际营造一个良好的氛围，让学生想说。

第二环——创设情境，激发兴趣。教师运用电教媒体或实物，为学生巧妙创设交际情境，为"交际"搭设舞台，使学生饶有兴趣地、主动地投入到交际的训练中，把学生说的欲望全部调动起来，由"要我说"过渡到"我要说"。

第三环——实践交往，双向互动。在实践交往中，教师联系生活实际营造一个平等和谐的氛围,给学生提供一个自由学习、师生互动、生生合作的情境。鼓励学生大胆与人交际,从范围来说,是全员,包括每个学生;从时间来说是全程,从形式上说,是听、想、说多样,学生始终在富有个性和积极思维中进行口语交际活动,达到"会说"的目标。

第四环——反馈评价,拓展延伸。在口语交际的过程中,教师接受学生的信息反馈进行评价,学生与学生之间进行评价,让口语交际鲜活起来,形成"你来我往,唇枪舌剑"的情境。并有意识地引导学生发表一点新观点,吐点新见解,再让学生把课堂上所学的,所进行的口语交际向课外更广阔的空间延伸与拓展。让学生由"我要说"过渡到"我爱说""我善说"。

二、在拼音教学中的课堂教学模式

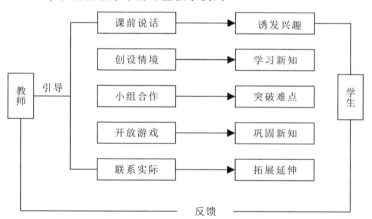

说明:

拼音教学中的课前说话,以拼音教学内容为话题,说一两句简单的话,然后创设直观的情境,激起学生学习拼音的欲望,让学生在情境中学习拼音,用一音多组词,一词造多句,和互相讨论怎样记住拼音的方式,训练学生的口语能力,再设计开放式的包含拼音教学内容的游戏，让学生在游戏中进行交际，巩固新知。最后，教师把拼音教学与生活实际相联系，让学生把学过的内容回家与家长和其他人交流。

三、在识字教学中的课堂教学模式

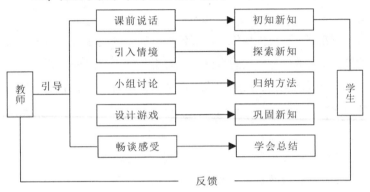

说明：

在识字教学中，教师有意识地根据教学的内容，设计课前说话的话题，让学生对所学的生字有一个初步的感知。在识字的过程中，主要通过给生字组词、造句，在小组中互相识字、记字，讨论记字方法，游戏中巩固生字，和学后谈感受训练学生的口语交际能力。

四、在阅读教学中的课堂教学模式

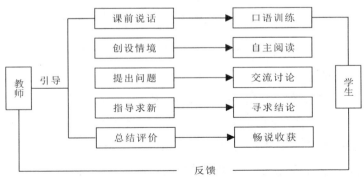

说明：

在阅读教学中主要通过课前说话、朗读课文（以读促听、以读促说）、质疑解疑、分析讨论、复述课文、续编故事、总结评价、畅说收获等环节中训练学生的口语交际能力。

五、在作文教学中的课堂教学模式

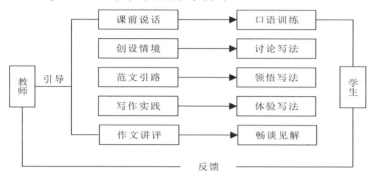

说明：

在作文教学中训练口语交际能力，主要包括口头作文和例文评析。口头作文是老师创设情境为学生提供写作的情境与素材，学生明确写法后，由口述作文片段，到口述全文；在作文讲评课上，教师把主动权留给学生，把优秀文、中等文、差等文的评议权给予学生，让他们发表意见。因为人的鉴赏能力是高于写作能力的。

六、在综合实践课中的课堂教学模式

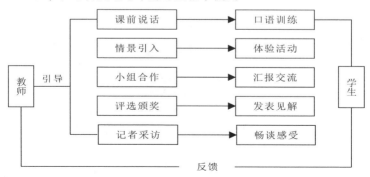

说明：

口语交际综合实践课就是学生在课堂之外进行口语交际训练的缩影。老师引导学生在日常生活中锻炼自己的口语交际能力，采用多种方式有针对性组织有价值的活动，为学生创造实践的机会，如要学生调查小学生应该怎样使用压岁钱、小学生孝敬父母的情况等，然后在综合实践课上教师创设情境，让学生再次体验活动，把活动的情况进行汇报、表演、总结，使口语交际教学走出课堂，注重实践，走进生活，形成能力。

十一种口语交际训练形式

1. **游戏式**：把课堂或生活中的口语交际内容，根据儿童的特点设计成富有儿童趣味的开放性游戏，使儿童在游戏中学会听、说、交往。如低年级识字教学中的"找朋友"（找相应的字）游戏，学生在欢快、有趣的游戏中进行口语交际。这一形式特别适合低年级学生。

2. **介绍式**：要求学生用自己的语言比较有条理地介绍自己熟悉的事物，可以介绍熟悉的人，熟悉的事，也可以介绍物。如介绍自己：说说自己的姓名、年龄、性格、爱好，就读学校及年级，自己最喜欢的人或事；介绍家庭情况：家在何处，全家有几口人，分别是谁，各在哪里工作或学习。

3. **表演式**：即在语言交际前，创设一种情境，营造一种氛围，让学生进入"角色"，模拟表演，参与交际实践。

4. **补充式**：对于一些有故事情节的口语交际内容，可以引导学生看图：注意事物之间的联系，展开丰富想象，补充故事情节或续编故事。

5. **动手式**：让学生在老师的指导下，通过动手实践活动，体验动手的过程，然后再进行体验汇报。如布置学生做手工艺品，画一幅画，然后就自己创作的作品说说怎样做的，以及作品的表现意义。

6. **展评式**：即用课前或课上准备的作品参加模拟展览，每个学生都当"解说员"，向小组或全班同学介绍自己的作品和创作过程，再由"评委"（大家）评议谁的作品好、好在哪里，然后评出获奖作品，颁发奖品。采访式：引导学生就社会上的某一热点话题或学校的某一项主题活动，以记者的身份去采访社会上的人和学校的学生，同时还可以采访本地的新闻人物，如采访劳模、先进教师、"水果大王"等，让学生在采访的过程中，形成主动与人交往的能力和应变能力。

7. **见闻式**：让学生从自己身边所看到、听到的最喜欢的事情，或从电视、电影、报刊和广告中所吸收的信息，抓住中心按一定的顺序简单地讲给大家听。由于讲述的内容是日常生活中亲眼所见、亲耳所闻的，因而内容丰富，感情自然，从而使口语交际成为交流心得，增进感情的教育活动。

8. **推荐式**：向别人推荐自己喜欢的事物。如推荐自己制作的工艺品、自己精心设计的封面、自己最喜欢的一本书，要说出自己推荐给别人的理由，使别人通过自己的推荐对物品有全面的了解。

9. **汇报式**：教师有意识地布置一些学生力所能及的工作，如打扫环境卫生、整理班级图书、出黑板报等，让学生去完成，然后要求他们把完成情况向教师和同学汇报，并接受大家的咨询。

10. **商谈式**：引导学生在生活中通过商谈解决实际生活的问题。如商品的购买，同学之间小纠纷的处理、与父母协商购买学习用品等，在商谈中，特别引导学生必须使用礼貌用语，促使商谈成功，养成好的交际习惯。

11. **辩论式**：联系学生学习生活实践，以热门话题，以有争议的话题为辩论的内容，运用辩论会的形式，让学生在"你来我往，唇枪舌剑"中学会倾听，善于表达，敢于辩驳，从而促进学生口语交际能力的形成。如辩论"小学生结伴出去旅游好不好?"以辩论会的形式,确定正反两方,选出两方的一辩、二辩、三辩,再推选出主持人,整个活动都让学生去完成,老师只是当一个安静的听众,这种方式适用于高年级。

习作策略单元教学模式初探

一、充分了解"习作策略单元"的特点

习作策略单元就是一个以语文要素为统领、以写作资源为内容、以习作训练为过程、以"习作"为终点的课程系统。

精读课文：精读感悟，学习方法

交流平台：归纳梳理，提炼方法

初试身手：交流表达，尝试方法

习作例文：例文为范，感知方法

习作：习作表达，运用方法（形成单元成果）

二、"习作策略单元"的教学策略

第一板块：提出习作要求，明确目标。

本单元的教学，要紧紧围绕培养学生写人的能力这条主线，以"具体地表现一个人的特点"作为任务来驱动学生的学习。

第二板块：通读单元，整体了解内容。

在精读课文部分，引导学生体会具体表现人物特点的基本方法；在"交流平台"与"初试身手"部分，引导学生联系以往的学习经验，总结、梳理出具体表现人物特点的基本方法，并尝试运用了解的方法进行练写；在习作例文与单元习作部分，引导学生通过阅读例文和批注，加深对具体表现人物特点的方法的体会，通过单元习作的实践综合运用方法。

第三板块：细读课文，具体落实要素。

《人物描写一组》一课由三个片段组成，分别节选自小说《小兵张嘎》《骆驼祥子》《儒林外史》。《小兵张嘎》片段主要通过动作描写，表现了小嘎子的机灵；《骆驼祥子》片段主要通过外貌描写，表现了祥子的生命力；《儒林外史》片段主要通过动作描写，表现了严监生的极度吝啬。几个片段从不同的角度引导学生体会具体表现人物特点的基本方法。

《人物描写一组》第一课时流程：初读课文，读通读顺课文——默读课文，说说三个片段中的人物分别给你留下了什么印象（人物特点），是从哪些语句体会到的？

《人物描写一组》第二课时流程：回顾导入，直奔重点（三个片段分别用了哪些描写人物的方法，体会这些方法的表达效果）——品读课文，学习描写人物的方法——读写结合：运用方法写片段（第二次摔跤——评议、比较，巩固方法）。

精读课文的教学目标应集中指向培养习作能力。本单元精读课文的教学目标应聚焦在习作能力方面，主要引导学生把握课文选取的典型事例，从描写人物语言、动作、外貌、神态、心理等的语句中感受人物的特点，发现、提炼具体表现人物特点的方法。要重点围绕表达方法引导学生进行交流分享，具体落实要素。

第四板块：归纳方法，初试身手。

"交流平台"针对精读课文的方法进行回顾和归纳，"初试身手"安排了两项内容。第一项，让学生观察一位同学在课间的表现，尝试运用学过的写人的方法进行练写。第二项，让学生思考家人的特点，并列出能表现这些特点的典型事例。教材意在引导学生进行方法的实践，在实践过程中加深对方法的认识，体会其表达效果，为单元习作的撰写做好准备。结合学习习作例文《我的朋友容容》《小守门员和他的观众们》，从不同的角度示范了写人的方法，并以批注的形式引导学生进一步了解具体表现人物特点的方法，学习运用例文写人的方法。

交流平台，初试身手流程：阅读梳理，归纳方法：选用典型事例，运用正面描写（写人物的外貌、动作、神态、心理活动等）、侧面描写（旁人的反应）的方法写具体，突出人物特点——尝试运用，巩固方法（怎样选择典型事例，阅读"习作例文"《我的朋友容容》（取报纸，寄信）——初试身手，运用方法（用一段话写一个同学）——师生评改，掌握方法。

第五板块：运用方法习作，对照例文评改。

单元习作引导学生选择典型事例，通过描写语言、动作、外貌、神态、心理等，具体地表现一个人的特点。图示的中间列出了想要表现的人物特点：叔叔记忆力超群。事例1和事例4以"读完一本故事书就能记住所有细节""只看一遍地图就能一点儿不差地画下来"两个典型事例，很好地表现出叔叔记忆力超群的特点。针对选择典型事例的方法进行了指导。要引导学生交流习作素材，从而选取最合适的典型事例；习作完成后，要围绕"具体地表现人物的特点"这一重点，组织学生对照评价标准和习作例文进行自评、互评。

习作流程：回顾方法，确定写作对象——自主梳理，明确习作要求——仿照例文，选择典型事例（选材）——大显身手，动笔完成习作（运用方法）——对照例文，评议修改（巩固方法）——回归板书，小结方法。

依托三类课型　有效推进整本书阅读

——整本书教学模式初探

2022版语文新课程标准指出：义务教育阶段要激发学生读书兴趣，要求学生多读书，读好书，读整本书，积累整本书阅读的经验，养成良好的读书习惯。相对于2011版的课程标准，新课标对学生除了要求广泛的阅读之外，还重点提出了对阅读经验和阅读习惯的具体要求，凸显了阅读的层次性。而在新课标的六大学习任务群中，"整本阅读"成为独立的一大学习任务群，属于拓展型学习任务群。"整本书阅读学习任务群"对整本书阅读提出了具体的要求。为此，我致力于整本书阅读的教学模式研究，开展了一系列的整本书阅读指导教学研讨活动，根据课标要求，不断改进教学方法，初步形成了整本书阅读教学"一书三课"（阅读推荐课、阅读推进课、阅读分享课）的教学模式。

一、阅读推荐课（以小学四年级下册推荐书目《十万个为什么》为例）

阅读推荐课的教学目标就是激发学生阅读整本书的兴趣，引导学生了解整本书的内容，教给初步的阅读方法，为学生的整本书阅读指引方向。这一课型的教学可以从以下四个方面展开。

1. 激趣导入，引发阅读兴趣

在阅读推荐课的导入环节，教师可采用视频欣赏、趣味猜谜、故事会、新书发布会等方式激趣，让学生对整本书产生阅读期待。如执教《十万个为什么》时，可采用"提问"的策略，激发学生的阅读兴趣，导入整本书的阅读自然就水到渠成。

2. 概览导读，把握本书内容

在这一环节中，教师要运用多种策略，引导学生读封面、封底、目录、前言、后记等，让学生整体了解作者、写作背景，把握整本书的大概内容，建立读整本书的概念。这一环节中，采用"猜书名、提问题"的策略，引导学生读书名、读封面、读封底、读扉页、读目录，引导学生发现其中隐含的信息，初步了解整本书的大概内容及独特的写作形式，并教给学生阅读整本书的方法。

3. 片段精读，体验阅读乐趣

面对整本书，要在一节课的时间内让学生体会到阅读的乐趣，就要对书本内容进行取舍。教师根据这本书的特点，选择典型的片段让学生一起阅读，既能相机渗透阅读方法，又能让学生体验到阅读的乐趣。在《十万个为什么》一课中，可选取"餐桌和炉灶""水能不能把房屋炸毁"两个章节，引导学生探索科学的秘密，了解章节写作的方式及特点，初步感知内容的有趣和语言的生动，从而调动学生阅读整本书的欲望。

4. 传授方法，指导下一步阅读。

整本书需要学生运用课内阅读中学过的方法展开阅读，但是，这些阅读方法与技能并不是学生学了马上就能熟练运用的，而且不同书籍、不同对象，对阅读方法的要求也不尽相同。这就需要教师在推荐课上加以点拨。在《十万个为什么》的最后环节中，引导学生回顾以前学习的阅读方法，再根据本书科普作品的特点，引导学生用做批注、解释科技术语、画思维导图、查找资料的方式进行阅读，为学生搭建课外阅读的脚手架，对后续阅读的过程和方法进行具体的规划和指导，以此推动学生持续而深入地阅读。

二、阅读推进课（以小学六年级下册推荐书目《鲁滨逊漂流记》为例）

阅读推进课的教学目标是针对学生阅读整本书的过程进一步进行方法指导，引导学生对书本内容产生思考，保持阅读热情，真正提高学生的阅读能力。这一课型可以分为以下步骤。

1. 交流收获，提炼方法

阅读推进课是建立在学生已经对整本书展开阅读的基础上进行的。通过前一阶段的阅读，学生对整本书的内容已经有了一定的了解。但因学生个人差异，阅读进度、阅读收获、阅读方法都有所不同，教师应及时跟进，掌握学生的阅读感受。在《鲁滨逊漂流记》阅读推进课时，先让学生交流自己读书的收获及方法，并对学生的阅读方法进行提炼，引导学生运用多种方法阅读整本书。

2. 品读片段，深入指导

在整本书阅读的过程中，部分学生因阅读方法不当或方法单一，容易在阅读中浅尝辄止，甚至为完成任务而去阅读，这样就容易导致学生自读效果低下。这种情况就需要教师根据作品内容适时地进行指导，引导学生通过具体的阅读实践总结出适合自身阅读实际的方法和技巧。在《鲁滨逊漂流记》整本书阅读推进课中，可选取三个片段指导学生品读，让学生思考每个片段通过什么方法写出了主人公的什么特点，并圈画印象深刻的词句，在旁边做批注。通过汇报交流，指导学生将阅读的心得、感悟、问题、争鸣等随时旁批在作品上，留下阅读时的独特体会和疑惑，从而不断引发学生的深层思考，并将阅读引向深入。

3. 提出问题，引发思考

整本书阅读作为培养学生高阶思维的阅读，必然要求学生在阅读中积极地思考，以问题带读，启发阅读思维的不断提升，推动自我阅读理解和思考能力不断向前发展，最终完成学生对整本书高质量阅读。在执教《鲁滨逊漂流记》整本书阅读推进课时，让学生将不同版本的书进行对比，对主人公的前后变化进行对比，并引导学生提出问题，以问题任务清单为支架和推手，促使学生整本书阅读更具针对性，避免"伪阅读"和"浅阅读"的情况。

4. 任务导向，继续阅读

阅读推进课意味着整本书阅读并没有结束，学生还要对书本进行下一步的阅读。为达到整本书的阅读目标，教师要指导学生制定下一步阅读任务清单，如《鲁滨逊漂流记》整本书阅读推进课的最后环节就为学生罗列了下一步阅读任务清单：比如是什么支撑着鲁宾逊在岛上生活了 28 年？这本书哪些地方体现了人类文明？如果让你向朋友推荐《鲁宾逊漂流记》，你的推荐理由是什么？有了阅读任务清单为支架，学生的下一步阅读就有了明确的方向。

三、阅读分享课（以小学六年级上册推荐书目《童年》为例）

整本书阅读分享课主要通过形式多样的学生整本书阅读成果展示交流活动，引领学生对整本书进行全面回顾、总结和提升，引发学生思考，激发学生创造性阅读的强烈愿望。这一类型的课可以从以下方面着手。

1. 明确分享内容

整本书阅读，既要关注学生的个性体验，又要通过细节的挖掘，促进学生对整本书的理解。因而阅读分享课应关注学生的兴趣、情感，从内容、情节等方面入手，一般包括：叙述整本书的故事梗概，交流书中人物，概括书中人物的性格特点；体会作者的思想情感；品味印象深刻的语言或情节；交流读书体会等方面。因此，《童年》阅读分享课就确定了"说梗概、知情节"

"品人物、悟形象""联实际、成对比""谈收获、得真知"四大块分享内容。

2. 丰富分享形式

2022版的语文课程标准中指出，整本书阅读要借助多种方式分享阅读心得，交流研讨阅读中的问题，积累整本书阅读经验，养成良好的阅读习惯，提高整体认知能力，丰富精神世界。分享的方式有讲故事、朗诵、思维导图、阅读手抄报、课本剧、演讲比赛等。如我在《童年》整本书阅读分享课中采用了思维导图、阅读手抄报、读后感、诗歌创作、形成自己的名言等形式，梳理人物关系与情节，感受人物特点，分享阅读感受。

3. 渗透阅读方法

不论是整本书阅读推荐课、推进课，还是分享课，阅读方法的指导都不能少，与推荐课、推进课的阅读方法相比，分享课更注重阅读方法的整体性与深度。在《童年》整本书阅读分享课上，我将重点放在体会书本的写作方法上，引导学生多角度分析人物形象，感受人物性格的复杂性和矛盾性，并从中提炼出写作方法，运用到自己的习作中去。

4. 关注阅读评价

在整本书阅读分享课中，学生都会围绕一个话题展开讨论交流，这就需要教师根据学生的发言，及时对他们的阅读情况进行评价，通过阅读评价引导学生层层深入，展开思考。在《童年》阅读分享课中，我非常注意对学生的阅读情况进行评价，如"你关注了细节描写，这一细节描写让我们看到外祖母对阿廖沙的慈爱。""你从书中读到了书外，能联系生活实际把书读厚。""你感受到了外祖父的残暴、自私。那么，外祖父身上就没有一点值得我们喜爱的地方吗？请大家去感受人物的两面性"……通过阅读评价，提炼了阅读方法，又能引发学生思考，让学生成为有思考力的读者。

5. 鼓励延伸阅读

阅读是为了丰富我们的精神世界，每本书都源自生活，因而在指导学生阅读整本书时，要注意引导学生思考和追问现实生活，感受到书对于我们的生活的影响和指导意义。在《童年》整本书阅读分享课上，我重点引导学生联系自己的实际说童年、评价主人公的童年，并与其他作家的童年进行对比，让学生将阅读感受写成诗歌，形成阅读名言，进一步拓展了书本的阅读意义。

整本书阅读的不同课型有不同教学目标，对于不同年级指导重点也要有所不同。一、二年级重在想象故事中的画面，讲述书中的故事；三、四年级重在感受作品传达的真善美，口头或书面分享自己获得的启示；五、六年级重在学习梳理作品的基本内容，针对作品中感兴趣的话题展开交流，运用口头或书面的形式，与同学们分享整本书阅读的经历、体会和阅读方法。

但是，不论哪个年级，在整本书阅读教学实践中，教师的指导方法要根据不同的作家作品、作品内容、作品风格等不同而有所不同，不能千篇一律，应懂得因"书"制宜。

第四篇

教学随笔

我们的教育智慧从何而来？在我们的脑海里面，一定闪现过很多种关于教育的美好想法。我不会轻易放过这些瞬间，当一个想法浮现在脑海里的时候，我会去捕捉它、分析它、回忆它，久而久之，便对教育有了一种非比寻常的敏感。我喜欢一个人在周末的午后静坐着，泡一壶茶、展一沓纸、携一支笔，细忆教育工作中令人振奋的瞬间和百思不得其解的疑惑，而后，诉诸笔端。

思政教育融入学科实践活动的路径探索

思政教育是人才培养的重要环节。为更好发挥思政教育效用，需要将其"下沉"至各学科领域、各教学环节。本文以语文社会实践活动"追寻身边的榜样"为例，将思政小课堂、语文小课堂融入社会大课堂，通过前期、中期、后期三个阶段的深入实施，帮助学生深刻理解思政教育的理论内容，提高他们的人文素养和综合能力。

一、前期：扎根课堂，学理论。

课堂是语文实践活动的基础。笔者精心设计了口语交际课"我心中的偶像"，设置了"学一学定义""谈一谈偶像""看一看视频""辩一辩异同"等环节，引导学生科学评价和判断偶像的言行，树立基于事实和道德的偶像观。

在"辩一辩异同"环节，针对"应该'崇拜偶像'还是'狂热追星'"一问，学生展开了精彩纷呈的讨论。一些同学认为，"狂热追星"不一定是贬义，因为它能够刺激人们接触新鲜而陌生的事物，激发人们对梦想的探索。另一些同学则认为，"崇拜偶像"要注意尺度，应该保持理性的价值判断。他们认为，在肯定偶像自身的专业才华、人格魅力和社会贡献的同时，应该割舍过度的情感。通过这些讨论，学生们更加明确了"如何正确看待偶像"这一问题。

在课中，笔者还引导学生思考并讨论了这样一个问题："偶像"是否等同于"榜样"，两者有何区别？有学生提出，偶像虽然具有一定的社会影响力，但这种影响力往往是短暂的，而榜样则可以对人们的思想、行为产生较长远的影响。基于这一观点，笔者提议学生们走出校门，寻找身边的榜样，从多角度来评价榜样。学生们兴趣盎然，欣然同意。

二、中期：深入采访，寻榜样。

社会实践活动是课堂教学的有效延伸，能实现知识传授、价值塑造和能力提升的有机统一。在活动中，每名学生都化身"小记者"，热情寻找本地榜样。

寻找之旅主要分为三个步骤：一是追寻革命先烈。宜章是中国工人运动杰出领袖、著名的无产阶级革命家邓中夏的故乡，也是湘南起义的策源地和首义地。教师可以带领学生走进宜章县湘南年关暴动指挥部旧址纪念馆、邓中夏故居、红军长征白石渡突破第三道封锁线旧址等地，探访红色足迹，感受宜章好人文化；二是追寻社会名人。宜章每年开展"感动宜章十大人物"和"影响宜章十大事件"评选，善行组织和宜章好人不断涌现。教师可以指导学生采访当地的"大山卫士"刘真茂、"全国最美教师"谭兰霞、"好警嫂"曾易英、"义工一号"袁贤光等名人，激励学生传递爱心与善行，形成向善向好的"涟漪效应"；三是追寻平凡劳动者。教师可以带领学生走进医院采访医生、护士，在街头采访执勤的交警，在农村采访辛勤耕作的农民，通过听取他们的故事，学习他们辛勤劳动的精神品质。

在活动结束后，教师可以指导学生填写社会实践活动记录表并撰写活动报告，内容包括追寻榜样的原因及目的、所选榜样的背景及事迹、与榜样交流的过程及感悟、经历中的困惑与收获等，这些都是后期复盘总结会的丰富素材。

三、后期：复盘总结，悟道理。

为巩固实践教育成效，每次社会实践活动结束后，笔者都会组织一场复盘总结会，主要有 3 个目的：一是鼓励学生分享感受，提出问题和建议，确保每一名学生都参与其中；二是进行意义挖掘，指导学生结合实践经历和自身思考，总结提炼活动的意义；三是督促反思，让学生回顾活动过程，反思自己的采访行为是否合理、感悟是否深刻等。

在带领学生采访莽山蛇博士陈远辉后，笔者首先组织学生回顾采访过程，加深学生对陈博士的了解；其次，邀请学生分享学习体会，谈谈自己眼中的陈远辉；最后，和学生一起总结"我们应该向陈远辉学什么"。

由于亲身参与，亲眼看到了陈远辉因醉心研究而被毒蛇咬伤的手指，学生的学习体会格外深刻。有的学生认为，陈博士在恶劣环境下仍能保持乐观进取的态度，这种积极向上的精神值得学习；有的学生认为，陈博士对科研事业非常忠诚，不为功名利禄所动，这种朴实无华的品质令人钦佩；还有的学生认为，陈博士一生关注动物福利，具有强烈的爱心和责任心，应该向他学习如何借助自身特长积极履行社会责任。

综上，将思政教育与其他学科进行融合，是一种必要的尝试。实践中，各学科教师可以具体主题为切入点，充分发挥各类主体、各门课程、各种资源的思政教育功能，设计社会实践活动，从而，破解思政课孤立分段的现实困境，打造纵横联动的育人新格局。

打造语文高效课堂，
提升教师语文素养是关键

——参加第四届全国小学语文教师素养大赛有感

2012年3月27日至29日，我有幸参加了第四届全国小学语文教师素养大赛。大赛分"朗读展示、书写展示、才艺表演、课堂教学展示及知识素养现场答题"五部分。选手们的精彩表现让我大开眼界，但更让我感慨的是，选手们在短短的时间里展示的课堂教学。他们自信大方，教态亲切，心中有方法，目中有学生，言中有激情，展现了语言的魅力，课堂的活力，在不大的舞台上演绎了小学语文课堂教学的精彩，这不正是我们现在所提倡的语文高效课堂吗？于是，我顿悟：课堂的高效得益于语文教师的高素养，语文教师的素养提高了，我们的语文课堂才能走向高效。因此，我认为，打造语文高效课堂，提升教师的语文素养是关键。我结合比赛的内容与教学实际谈几点感受。

一、提高朗读能力，是每个语文教师必须培养的语言素养。

我们知道，朗读是展现语文教师基本功的重要方面。能准确把握文章蕴含的情感、气韵和节奏，读得字正腔圆、声情并茂，用自己的语文素养，赋予文字鲜活的生命力是每一个语文教师追求的最高境界。但是，我们在教学实践中却不难发现，有许多教师并没有注重这一能力的提升，在指导学生朗读的过程中，往往把一篇有血有肉的文章读得支离破碎，停顿处理不当，重音落点不准，感情的抒发也不到位。试想，这样的朗读又怎么能给学生起一个示范作用呢？这就导致了我们的朗读指导这一教学手段的无效。因此，我认为，作为一个语文教师，应从以下三个方面来提升自己的朗读能力：一是抓住语言的音乐性，让我们的每个语言文字成为我们每个语文教师嘴上跳动的音符，读时要做到有高低起伏，有抑扬顿挫。每篇文章要根据其中的内容，情感的表达，来确定语气、重音的处理。二是突破语言的形象性，把每个语言文字由死板的汉字演绎成生动活泼的情景，语言说出来，一定要带着它的形象性。如：今天真热啊！你在读时加上你的面部表情，让你的面部表情随着文章的内容在不断变化，这样的朗读才能引起学生的共鸣，才能让你的朗读做到文字、教师、学生的三体结合，才能让学生在入情入境中朗读，这样方能读出味来。

二、练就一笔好的粉笔字是每一个语文老师必备的书写素养。

书写粉笔字是每个老师每天频率最高的工作，在授课的过程中要板书，在给学生出练习题，或是布置作业时都需要书写粉笔字。特别是作为一名语文老师，承担着传承我国汉字的重任。可见，一手规范、漂亮的粉笔字显得多么重要。也许有人会说，随着现代信息技术的高速发展，教学也已经信息化了，教师书写粉笔字的概率大大减少了。可是，纵观我们现在的教育环境，真正走向教育信息化的学校并不是很普遍，很多的时候，还是需要我们运用粉笔字，来帮助我们传授知识，促进学生对知识的理解。在这次大赛中，我欣赏到了选手们向我们展示的相当规范、漂亮的粉笔字，让我觉得，每个语文老师应该努力地练习写粉笔字，使自己的粉笔字逐步走向美观、流畅、规范。在我平常的教学中，就特别注重提高自己书写粉笔字的能力。新课程标准提出：小学生每天必须保证10分钟的练字时间，于是我就利用我们学校的写字课，我与学生一起练字，师生每天保证练字10—15分钟，在练字的过程中，我每天根据自己的教学内容有针对性地设计练习的内容，并在练字之前，把写字的要求交给学生。当我一声"提笔"落音，所有的学生就拿起笔，然后大声齐背写字要求：提起笔，要牢记；一尺一拳和一寸；头正腰直脚放平；端端正正来写字。最后我一声"落笔"，学生大声地齐说：不弯腰。然后我就与学生一起写字，我在黑板上写，学生在小字本上写，写完后学生上台给老师打分，我给学生打分。就这样，通过训练学生，也强迫我自己不断地提高自己的书写能力，甚至一笔一画我都要认真斟酌。有时候为了写好一些字，我还要查阅这些字的字形、字义、间架结构，因为我要教给他们书写方法啊！达尔文曾经说过：最有价值的知识是关于方法的知识。我只有交给了他们行笔的方法，他们才能触类旁通，真正地把字书写规范。经过一段时间的训练，我们班孩子们的字都有不同程度的进步。而我自己，也在不知不觉中成为一个书法爱好者。与此同时，我也成了孩子们羡慕的"高手"，以至于我在识字教学中游刃有余，这大大促进了我在识字教学中的有效性。

三、培养一到两项自己的才艺，是每个语文教师必备的艺术素养。

在这次全国素养大赛中，选手们展示的才艺精彩纷呈，可谓是"八仙过海，各显神通"，灵动的舞台上展现了参赛选手们高超的艺术素养。我们都为他们的才艺发出赞叹，甚至会让一些听课的老师觉得这只是老师中的凤毛麟角，但对于每一个普通教师而言又是可望而不可即的。很多教师都认为才艺只是一个"有了可以更好，没有也无所谓"的装饰性元素罢了。但是当他们把自己的才艺融入课堂教学中，我才发现教师的才艺是可以体现它在课堂教学中的真正价值的。其中有一位选手上的是一篇低年级的童话，在童话的教学中，情境的创设显得很重要。这位选手播放了动画片（是以童话内容设计的动画片），然后利用自己的才艺：

给动画片配音。当老师引导学生理解到某一个情境时，动画片就出现不同的人物，而且声音也随着人物不断地变化，这让孩子们犹如身临其境，很快融入童话王国当中。在短短的三十分钟里，孩子们在老师的引领下，时而低头沉思、时而欢呼雀跃、时而尽情高歌。到最后，孩子们已经实实在在地成为童话里的一员了。你说，这个时候孩子们对课文的理解还是一个问题吗？课堂的高效还用质疑吗？我想，这都要归功于教师的才艺，所以作为一个语文老师，应该要根据自己的兴趣爱好，培养一到两项自己的才艺，才艺不需要有多突出，只要拿得出手就行。记得我在教古诗《赠汪伦》的时候，我与学生说，汪伦是踏歌送李白的，现在我就是汪伦，也踏歌而行。我把这首古诗谱成曲子唱出来，学生就情不自禁地与我一起唱了起来，几遍唱下来，对诗歌的意境更加深了一份理解，而古诗的背诵就更是迎刃而解了。

四、博览群书，丰厚自己的文化底蕴，是每个语文老师必备的知识素养。

作为一名语文教师，如果只仅仅停留在自己已有的知识层面上，那肯定是不能与现在的知识多元化相匹配的。在全国语文小学教师素养大赛中设计"知识素养答题"这一环节，我认为其目的就是要告诉所有的语文老师，要博览群书，增强自己的文化底蕴，提升自己的知识素养。纵观"知识素养答题"所出的题目和专家们的点评，提示我们语文老师至少要看这五类书：一是教科书。教科书是课堂教学的第一资源，是师生开展教学活动的重要依据，它是某学科现有知识和成果的综合归纳的系统阐述，具有全面、系统、准确的特征。但是我说的看教科书是要真正地走进文本，多角度，多层次地去阅读文本，还要把文本与生活实际相联系，不能把教科书只当作是生硬的几行文字，要读懂读透它。陶行知就说过："我们要活的书，不要死的书；要真的书，不要假的书；要动的书，不要静的书。"只有把教科书真正读进去了，才能发挥其真正的价值。二是专业书。包括专业理论书、专业知识书、专业工具书，读专业书要做到会用。三是资料书。资料书主要是指与专业知识密切相关的书籍，包括教育教学知识、文学知识、语言文字应用知识、其他相关知识，读资料书要勤读，能记。四是文化书。文化书就是指那些能够滋养我们的灵魂，陶冶我们的情操的书，包括经典的诸子百家之书、古今中外的哲学书、修身养性的励志书、有丰富生活内容的情感书、名人的家书或传记等。五是咨询书。包括纸质的教育报刊、期刊，互联网中有关教育的信息资料。"问渠那得清如许，为有源头活水来。"语文教师只有通过大量的阅读，才能使自己的知识储备不断增加，更能让我们的语文课堂充实、丰富起来。

五、走进学生，走进文本，驾驭课堂，是每一个语文教师必备的教学素养。

在这次素养大赛中，参赛选手的课堂展示是大赛的最大亮点，他们向我们展示了一堂堂精彩的课，他们备课的时间虽然短，但是他们却在短时间内走进了文本，走进了学生，课堂驾驭游刃有余，实在令人钦佩。与此同时，这也让我感悟到：作为一个语文老师，能够走近学生，走进文本，游刃有余地驾驭课堂，显得多么重要！教学是教与学的互动活动，只有教与学达到了最高境界，才能使我们语文课堂真实、灵动、有效。本次大赛中选手们特别注重了这一点，他们开课后，很快与学生融合到了一起，教学内容的设计贴近了学生的心灵，让学生在课堂中有感而发，而不是单纯地在老师的提问下机械地回答。比如有一个参赛选手在引导学生理解"每个人都有自己的长处和短处，要取长补短"这个中心时，孩子们开始都不知道如何来表达，后来老师让孩子们说说自己最擅长什么，自己的缺点又是什么，然后结合课文的内容，把自己放入课文当中，成为课文中的角色之一，很快唤起了学生的共鸣，他们滔滔不绝地说起自己的理解来，这样，对文章中心的理解就轻而易举了。还有一个选手在引导学生理解"七嘴八舌"这个成语的时候，她巧妙地结合课文内容，抛出一个问题，让学生也七嘴八舌地议论起来，她把课文的内容与学生们的活动完美地结合起来，不露任何痕迹地让学生深深地理解了"七嘴八舌"的意思。比我们平常直接问"七嘴八舌"是什么意思，或把它的意思直接写出来让学生去背要有效得多！虽然，驾驭课堂的能力受很多因素的影响，但是作为一个语文老师，应该建立大语文教学观，要与学生建立好平等、民主、和谐的师生关系；要认真地研读文本，走进文本，理解文本所要表达的意思；要带领学生走出课堂，走出学校，走进社会，走进大自然，当我们教师的各种准备工作都做得充分了，驾驭课堂的能力就自然而然地提高了。

　　小学语文素养大赛只是一种新的比赛形式，但这个过程唤起了我们对提高语文教师素养的重视，对学生综合素养的共同关注。我相信，只要我们不断地去努力，有意识、有计划地去提升我们的语文教师的素养，我们的课堂就会往高效的方向发展，而学生语文素养的提高也就指日可待了。

当信息技术遇上古诗词教学——完美邂逅
——信息技术与古诗词教学深度融合初探

随着信息技术的迅猛发展，信息技术已经在各个领域中广泛运用，教育信息化2.0行动计划中明确指出：到2022年基本实现"三全两高一大"的发展目标，即教学应用覆盖全体教师、学习应用覆盖全体适龄学生、数字校园建设覆盖全体学校，信息化应用水平和师生信息素养普遍提高，建成"互联网+教育"大平台，推动从教育专用资源向教育大资源转变、从提升师生信息技术应用能力向全面提升其信息素养转变。可见，教育教学与信息技术深度融合，是教育改革必经之路。而古诗词是我们中华民族的一颗璀璨的明珠，也是中华传统文化的经典，作为一名语文教师，我们有责任和义务把这些经典嵌入每一位炎黄子孙的脑海里，并成为中华民族的文化基因。经过多年的教学实践，我认为把信息技术与古诗教学深度融合是教学古诗词最有效的方法，当信息技术遇上了古诗教学，那就是一场美丽的邂逅，让古诗词教学遇到了美丽的春天！

一、课前查阅资料，了解古诗词的作者和其创作的时代背景。

古诗词是古代文人墨客在特定的时代和事件中的感言，有时候甚至还有当时作者特定的心情，他们或直抒胸臆，或辗转委婉，或抒发自己的得失，或表明自己的志向，但要把作者凝聚成的少量文字理解通透，我们不仅需要理解古诗词字面的意思，更重要的是要了解作者和作者写这首古诗词的时代背景，它是学习古诗词必须要做的功课。然而古诗词的这些作者都已故去，再加上他们生活的时代所发生的事件，对于现在的孩子们来说，根本无从了解，因此在学习古诗词之前，引导孩子们自主地去了解作者和时代背景，是学好古诗词的第一步。而互联网时代为孩子们摄取这些知识提供了广阔的空间。如我在教学王翰的《凉州词》时，学生通过自主收集作者和时代背景资料，在全班交流中同学们就了解了：唐宋以来，由于战事不断爆发，边关将士困于战乱之中，众多反映边关生活的边塞诗应运而生。王翰是唐代著名的边塞诗人，《凉州词二首》是唐代边塞诗中传诵千古的名篇。他性情豪放，以豪放之情写军中生活。豪放不羁的诗人王翰，当年作为运送粮草的官员，曾亲历边关生活，被边关将士英勇杀敌的爱国精神所感动，却又对将士们残酷、悲凉的军旅生活感到无可奈何。于是，写下了这首千古绝唱。这些知识都是学生自主查阅资料总结出来的，由于每个孩子查阅的角度不同，思维的维度不同，他们截取下来的知识点也就不同，所谓一千个读者就有一千个哈姆雷特，因此，一次资料的查阅，就是一次深入的学习，这个学习的效果，是教师的其他手段所达不到的。如果这个过程换成老师不断地给孩子们讲解、灌输，那我们就剥夺了孩子们自主学习的能力，能让孩子们在短时间内了解与古诗相吻合的相关知识，只有多媒体时代才能实现，信息技术融入学生的自主学习，让学生的课前预习迎来了学习的春天。

二、学生制作微课，综合古诗知识，自主学习古诗。

随着今年秋季国家语文部编教材的全面使用，我们发现部编小学语文教科书，共选编古诗文 129 篇，占所有选文的 30%。古诗文增加 60 篇，增幅达 80%。也就是说古诗词已经在小学语文教材中占了相当分量的比重。如果我们还是靠一支粉笔，一张嘴来教学，这已经不能适应当今新型学习的形式与速度了。于是，我引导学生在学会自己查阅古诗的过程中，自己制作微课，自主学习古诗词。我在教学边塞诗的时候，运用"1+X"的教学模式，先学古诗《出塞》，然后引导学生拓展自主学习一系列边塞诗。于是孩子们自己制作出了微课《走进边塞诗》，微课从边塞诗的起源、发展、独特风格、代表诗人、常出现的意象、写作手法、主题分类等方面进行详细的解说，由于在制作微课之前要对边塞诗进行全面的了解，往往一个微课的制作就已经对边塞诗进行了非常全面的了解。学生自主学习其他边塞诗就得心应手了。之后，我又引导学生做送别诗、爱国诗、描写四季的诗……通过信息技术手段，学生自主学习的主动性得到了全面的提高，教师的教学质量也稳步提升，学生的语文素养也自然而然得到了全面的发展。信息技术的融入，让学生的自主学习遇到了春天的百花齐放。

三、适时穿插音频、视频，突破教学重难点。

古诗词描述的情境，都离我们的现实生活比较久远，而要引导学生去感悟古诗词所表达的丰厚情感，那就必须引导孩子们走进古诗词所描述的情境。当我们把许多课文中用简单的教具无法达到的内容，通过多媒体再现，创设出各种情境，就一目了然了。这些情境的创设，从古到今，从天文到地理，声画同步，化无声为有声，化无形为有形，让学生在具体的情境中去感受，去发现，去研究，去探索，去创造，教学重难点的突破就迎刃而解了。我在教学《凉州词》的时候，恰到好处地用到了三个视频：开课伊始边塞诗的基础知识讲解——学生制作的微课，使学生在学习《凉州词》前充分了解边塞诗的相关知识，为课堂奠定了本课的感情基调，启发了本课的学习方向，为后面的同类诗歌的学习提高了学习基点。课堂的高潮部分，为利于学生充分感受理解诗句"醉卧沙场君莫笑，古来征战几人回"，我精心准备了一段古战场的短视频。画面惊心动魄，音乐慷慨激昂振奋人心，学生在深受震动的同时，也被这强烈的悲壮感、豪迈感所征服。无疑，这段视频简直可以称得上本堂课的点睛之笔。学生在这段视频中深刻感受到了古战场的残酷，产生了强烈的共情感，滋生出强烈的表达欲望。在《凉州词》的学习接近尾声时，我又为孩子们准备了一段曲风悲凉的《凉州词》歌曲 MV，学生的情感在此处得到升华，在诵读诗歌时感情充沛。除此之外，在学习诗歌"葡萄美酒夜光杯，欲饮琵琶马上催"时，我适时播放了一段音频，略显急促的琵琶声，以此来带领学生感受"催"字，催什么呢？学生猜想：催将士们上战场、催将士们痛饮此杯……学生情不自禁展开自己的想象，学生就在这视频、音频、朗读、感悟、升华的交织中把古诗的意境与情感体会得淋漓尽致。我想，这肯定是一支粉笔，一本课本永远达不到的效果。当古诗遇上信息技术，古诗教学变得如此灵动！

四、灵活运用软件，加大古诗词的积累。

古诗词是我们中华民族的宝藏，它的数量大得惊人，虽然在部编教材中加大了学习古诗词的量，但是对于传承文化精髓的我们来说，往往不够，教师除了不断引导，还应该充分发挥学生自主学习的能力，运用一些软件和小程序，让孩子们在家长的监督与辅助下学习和积累更多的古诗词，这样运用信息技术，把教师的教、学生的学、家长的督三位一体完美结合，孩子们学习古诗词的量就可以大大增加了。如我班的家长就同时安装了"衍心古诗词"，我们在班级中开展了"每天背一首古诗词"的活动。孩子们在家长的监督下，就可以自主学习。这个软件非常实用，每一首里面有朗诵，有作者和时代背景的介绍，还有诗歌赏析，学完之后还有检验评价。另外，对古诗词还进行了详细的分类，分高中、初中、小学三个阶段，然后还分描写抒情、四季、山水、天气、人物、人生、生活、节日、动物、植物……总之，只要需要的，一查询就可以自主学习，学生自学后，我再到课堂上进行交流学习成果，通过这样的课后延伸学习，学生对古诗词的积累量大幅度地增加，信息技术真是功不可没。

诚然，信息技术的融入，让我们的古诗词教学变得灵动而丰富，但是信息技术仅仅是语文教学的一种强有力的辅助手段，我们切不可完全依赖信息技术，用信息技术替代传统的教学方法，传统的教学精华还是要保留，我们只需在古诗词的教学实践中，寻求信息技术与古诗词教学最佳的融入点，这样，古诗词的教学定会因为信息技术的融合而大放异彩。

静待花开时，更要促花开

大自然的万事万物都有着自己的生长规律，它们在自然的交替中孕育生命，让我们时刻感受到生命所创造的奇迹！在一片大森林里，我相信没有两片叶子是完全相同的，也就是说所有的叶子都有各自的特点，它们都在绽放着自己独特的生命。从教二十五年来，我发现所教的孩子就像森林中的每一片树叶，更像春天开放的百花，每一朵花都有独特的风姿。由于家庭出生的不同，社会环境的不同，造就了每朵花花期的不同，有的在阳光雨露的滋润之下顺势盛开；有的虽然有阳光雨露的滋润，但它开放的速度还是慢了许多；更有一些花儿，他们虽然有阳光和雨露的滋润，但是它却迟迟不开花——这就是我们平常所说的学困生，他们的花期很晚，需要我们老师付出更多的努力和辛劳，所以有的时候老师会说，就让我们静待花开吧！我也认为静待花开是我们每个老师应有的心境，但是我还认为，我们在静待花开的同时，更要促花早开，因为时间是不等人的，孩子的成长过程并不是等待的过程，我们每一位老师应该为她们量身定制"阳光和雨露"，让那些花期晚的孩子们能够在较短的时间里独自盛开。

一、走进学困生的心里，知困因。

说到学困生，老师的第一印象就是各方面都表现差的学生，其实，他们并不是所有的方面都如我们想象的一样差，孩子之所以成为所谓的"学困生"，其实原因有千万种，有家庭的原因，有社会的原因，更有自身的原因，所以了解学困生的困因是关键。每接一个班我都从攻心开始，我深深地明白：要让学生喜欢语文，首先得让他们喜欢我这个语文老师，并且愿意跟我这个语文老师接近。我本期接的是一个六年级新班，听原来的老师说，这个班有一部分学困生真的很令老师头疼。他们学习差，思想差，很多时候，总会给老师带来许多的麻烦，甚至影响整个班，要我做好心理准备。我没有把这些放在心里，而是先从称呼入手，拉近与学生的距离。以往，师生之间的称呼，我们要求学生恭恭敬敬地叫一句某某老师，我却打破了这个常规。一跟学生接触，我就爽朗地告诉他们："你们可以叫我老刘。"孩子们非常惊奇，嘴巴都惊成了一个O型，在他们的印象中，没有哪个老师可以这样叫。我们语文老师怎么可以叫老刘？何况她还是我们学校管教学的校长呢！看着他们疑惑的目光，我坚定地说："这个可以有，这是老刘给你们的特权。"孩子们欢呼雀跃，他们以自己有这个特权而感到很自豪。每天早上进校门口的时候，其他学生都要在门口恭恭敬敬叫一句"刘老师！"他们却可以毫无顾忌地叫一声"老刘"，当他们看到其他同学惊异的目光时，也不去理会，就那么神气地走进了校门，那自豪的神态在我眼里充满了童真！我突然发现，那些"学困生"在慢慢向我靠近，总会找一些事情来"骚扰"我："老刘，你身上有粉笔灰，我帮你拍一拍吧。""老刘，我妈妈说，这种橘子最甜啦，你尝一个好不好？""老刘，今天下课的时候，他把我的凳子抽掉啦，让我摔了一跤。"……对于他们的"骚扰"，我一一应下，乐于参与其中。我充分利用课间十分钟与他们闲聊，在不经意间，我与他们聊爸爸妈妈，聊爸爸妈妈的工作，聊他们最喜欢什么，最讨厌什么，有时候，我甚至装着不会玩QQ和微信，他们都非常乐意当我的老师，教了我许多的功能，还说以后有什么问题就去找他们，这个问题对于他们来说小菜一碟！有时候，我还会跟他们掰手腕，教室里的加油声，震破耳朵也无所谓！在这样的闲聊，和课外活动的参与中，我不仅了解了他们的家庭情况，而且了解了他们的学习情况，对他们学习困难的原因也了如指掌。与此同时，我对他们的称呼也在改变。我叫他们从不加姓，多半是亲切的重叠，如黄杨康，我总是叫"康康"，我还特别注重跟他们家长的交流，搞清楚家长是怎么称呼他们的，尽量与家长同步，我要让每个孩子觉得，在学校就如在家里，时时刻刻都可以感受到家的温情，我就是他们在学校的"妈"。没过多久，我就惊奇地发现，那些所谓的"学困生"上课格外认真，就连最爱讲小话的李坤也从不讲小话啦。他一下课就来到我身边，跟我说话已经成了他的习惯，他觉得上课表现不好，下课就没有资格来跟我聊天，我很喜欢他的改变，当着全班同学的面说："士别三日，当刮目相看，老刘实在佩服得很！"从他的神态我发现，他很享受这种大庭广众的夸。他们对我的称呼也在悄然地发生变化：当课讲到精彩处——"老牛，你真牛！知识真是渊博啊！"；我每次走到教室的走廊上，准备进教室上课时——"欢迎刘大美女给我们上课，有请""刘妈咪，你穿的这件衣服真好看，摆个姿势，我们卡一张"；课间十分钟，我坐下休息时——"刘太后，请享受我们的泰式按摩"……听到这些，我都忍俊不禁。我从他们的眼里读出了信任、欣赏、认可，我也从一个简单的称呼入手，走进了他们的内心世界。我深深地懂得了，只有与孩子同在一个地平线上，让尊重、民主、亲和随行，才能与孩子们一起仰视天空。

二、了解学困生的学情，降难度。

如果说思想占主导，那实践就是关键了。这一部分学困生虽然思想上有所改变，但是摆在眼前的事实是，他们的学习还是很困难，由于长期的"困"，他们已经对学习失去了兴趣，甚至一说到学习，他们就立即噤了声，觉得学习真的是一件痛苦的事。根据这种情况，我从了解他们的学情入手，探究每个孩子到底哪一个方面困难，然后降低学习的难度，让他们觉得学习不是一件很难的事，更不是一件很痛苦的事。班里的肖杰同学，个头小，爱动，前一分钟还能看见他的头，后一分钟头就到了桌子底下，不时制造一些怪声音出来，整个课堂随之骚动，老师一脸无奈，同学见他就躲。他的爸爸妈妈都在做生意，根本没有时间来管这个淘气包，时间一久，就顺理成章地成了学困生。可是，他天天很黏我，一下课就蹦到我跟前"晃悠"，老希望我叫他做点事，比如搬作业、拿杯子……只是想引起老师的关注，他的上进心刚冒出芽芽来，我顺势而上，叫他为我做点小事，顺便开始我的"学情测试"：上完第一课，我逗他："小肖，来来来，我们来听写听写，看你今天上课认真没？"，在听写中，我发现他拼音没有学好，前后鼻音分不清，平翘舌搞混淆，还有很多字不是多一点就是少一撇，生字词最多对了三个哩。我与他一一订正，笑："不错不错，希望下次对五个，看你的了！老刘相信——你一定行！"要求对五个，这难度不高，他欣然接受了任务。以后的日子里，他主动找我听写，由原来的对三个，到后来的对五个，对六个，对七个，有一天，一课的生字和词语居然全部都对了，他一脸兴奋，那样子，真让人动容：眼睛发光，满脸通红，好像要向全世界宣布"我得一百分啦!"一百分，对一个优等生来说，是轻而易举的事，于一个学困生来说，是一次重大的突破。好久以来，他都没有品尝这么美妙的滋味了，小小的成功，不亚于莫言领诺贝尔文学奖吧！虽然级别相差甚远，但都是付出了所有的努力，才获得的肯定，从这层意义上来说，是可以相提并论的。我采用这样的方法，在不同的时间段，根据每个学困生的不同情况，有的放矢地采取他们易于接受的方式，进行阶梯式训练，分为字、词、句、段、篇五大块，由易到难，逐步掌握语文方面的知识要点，每天的语文课，都堂堂清，这个过程说起来简单，却花费我大量的休息时间，因为每一个人都要过关。孩子们对知识点的掌握度不同，需要老师有足够的耐心去坚持。两个月下来，一部分学困生终于走上了正轨。可见，只要不忘初心，付出了努力，成功的花朵，就会在你前行的途中绽放！

三、重燃学困生的激情，树自信。

当学困生走上学习的正轨后，表明他们已经端正了学习态度，明确了学习目的，这只是万丈高楼打基础，最重要的是要以此为契机，通过各种手段重燃学习的激情，树立自信心。一是在课堂上树立他们的自信心。课堂是教学的主阵地，也是学生展现自我，实现自我的主战场，在教学的过程中，我有意识地设计一些他们可以回答的问题，不露痕迹地挖掘这部分学困生的闪光点。如肖杰的朗读能力还可以，在课文朗读的过程中，我时常让他大显身手。专挑那些难度不大的内容让他朗读，他次次都尽最大的努力来完成，一次比一次朗读得好，我随势表扬他，称他为"朗读之星"，在一次又一次的展示与肯定中，他学习语文的激情完全被激发出来了，自信心从此爆满，用全身的力量来学习，这点是我最希望看到的。试想，这样的状态，学习会差到哪里呢！果不其然，每次检测知识点，他由原来的不及格到及格，有时候还能拿到优秀，真的效果斐然。二是在学生的活动中，挖掘学生的特长，激发他们的学习激情，提高他们的自信。学生的各种活动，都是课堂教学的延伸，表面上看，与学习没有必然的联系，活动的开展同样可以展现学生的自我。为了写好比赛的作文，我在班里举行了"给熊猫贴鼻子"比赛，孩子们兴趣盎然，个个都想上去贴鼻子。当我发现学困生谢聪把手举得高高的时候，特意叫他上讲台。他很激动，也很紧张，满脸通红。当他把眼睛全部蒙住的时候，没有贸然地上去贴，而是在黑板上反复摸索着。全班同学都屏住呼吸，他在干吗？原来他在用手掌丈量黑板的长度。昨天，得到要比赛的消息后，他对黑板进行了"研究"，大致确定了黑板的长度和宽度。熊猫是今天早上才画上去的，他在犹豫，在徘徊，熊猫的鼻子在哪里呢？他是那样地认真和慎重，教室里响起了无数的加油声，加油声仿佛给了他无穷的力量。他反复丈量，推测，终于确定了熊猫鼻子的大概位置。当他把熊猫鼻子准确贴上去的一刹那，全班同学那雷鸣般的掌声顿时响彻整个校园，他摘下遮眼睛的布，看着贴准的熊猫鼻子，大吼一声"耶！成功了！"他收到了同学们雷鸣般的掌声，还有无数仰慕的眼神，他笑得合不拢嘴：原来我也很厉害！我赶紧对他说："真牛！老刘佩服！成功并非遥不可及，再加把劲，迎接更大的成功，老刘拭目以待！"，他兴奋地跟我握手，坚定地说："老刘，看我的吧，一定不会让你失望！"，那一刻，泉涌一种无法用语言描述的感动。人的自信哪里来，就是在无数次失败之后，经过努力获得的。我用各种活动潮涨学困生的学习激情，让他们在不同的情境中展现自我，树立起他们的自信心，扬起他们畅游知识海洋的希望之帆。

老师不仅仅是传道授业，更重要的是要创造孩子们生长所需要的阳光、雨露，及肥沃的土壤、清新的空气。他们是早上八九点钟的太阳，是国家之希望，民族之希望，家族之希望，这些希望都寄托在他们小小的肩头上。我们虽然深深地知道花总会开，往往有些迫不及待，有些操之过急，静待是一种境界，促则是境界中的境界，花儿争奇斗艳之际，脑海里翻腾的，依旧是"化作春泥更护花"吗？

浅谈互联网与新媒体对青少年思想道德建设的影响

进入21世纪，全球进入一个全新的信息化时代，互联网与新媒体以迅雷不及掩耳之势，深入每个人的生活中，它让人们的生活变得丰富多彩的同时，也在悄然改变着人们的一切。于青少年而言，互联网与新媒体的迅猛发展，就像一场惊天动地的社会革命，它无声无息地改变着孩子们的方方面面，也影响着孩子们的思想、行为。作为教育工作者，我们应该认真地分析互联网与新媒体对孩子们的影响，探索出青少年思想道德建设的新途径。结合我的德育教育实际，谈谈互联网与新媒体对青少年思想道德建设的影响。

一、改变了青少年的学习方式

传统的教育方式就是一支粉笔和一张嘴，学生学到的东西很有限，学生获取的信息量也微乎其微。随着互联网与新媒体的出现，教师在教学中充分运用互联网与新媒体，让教的空间在原有的基础上有了一个量的飞跃，这就直接导致了青少年学习方式的变革。他们不再满足于老师传授的知识，他们通过各种新媒体，通过各种新渠道，涉及并获取了除老师教的知识以外的领域，常常让教育者措手不及，出现很多与教师要教的内容不是很相符合的知识。这些知识的出现无疑给教育者一个艰难的挑战。学生学习方式的改变，逼迫教育工作者教学方式发生改变。只有正确地引导青少年去学习、探索各种知识，他们的学习目标才会明确，学习态度才能端正，反之，学生很容易误入歧途，不仅没有学到知识，而且会学到一些青少年不该学的知识。最令人担忧的是，一些不良信息的出现，直接植入学生的思想中，让学生对学习的兴趣、取向产生消极的影响。我们知道，互联网与新媒体，让青少年捕捉到了海量的新信息，教育工作者要运用多种方法和渠道去引导青少年取其精华，去其糟粕。更重要的是，我们要让他们明白，海量信息只是辅助，并不是学习的全部，上课学习才是根本。学习化学知识，我们知道碳在不完全燃烧的情况下，产生一氧化碳，一氧化碳与血红蛋白的亲和力比氧与血红蛋白的亲和力要高。知道了这些基本知识，看到冬天有人因为洗澡或在车内中毒的新闻就不足为奇了。用这样简单的事例，让青少年明白学习基础知识的重要性，从而改变青少年认为有了互联网就可知天下事，就可不用在课堂上认真学习的错误想法。

二、扩宽了青少年的娱乐渠道

说到课后的娱乐方式，我不仅回忆起 70 后最简单的娱乐方式，男生拉弹弓、钻铁圈、扔石子，女生踢毽子、跳石头房子、跳橡皮筋。简单的娱乐方式，让我们度过了简单、幼稚、纯真的童年，我们很少有人会因为过于贪玩而荒废学业。但是，互联网与新媒体的出现，让青少年的娱乐渠道来了个大翻身，真的可以用目不暇接来形容。微信、QQ 软件、无处不在的 WIFI、智能手机、电脑，青少年可以通过各种渠道找到他们津津乐道的"好玩的东西"。由于家庭经济条件的优化，孩子使用手机的年龄在不断降低，我们小学，很多孩子在三、四年级就有了手机，目前的智能手机其实就相当于一台小型的电脑，孩子们可以无师自通，玩游戏、微信、QQ，拿得起，放不下。特别是青春叛逆期的初中生，就更加依赖于电脑和手机了，因为网络给我们带来了无限的生机与动力，在青少年面前展示出一方美好的乐园，致使他们"乐不思蜀"，终于招来了好多"衣带渐宽终不悔，为'网'消得人憔悴"的网瘾少年。他们不再是"正常人"，不再认真听课，完成作业，甚至连按时回家都很难做到了。这给教育带来了很坏的影响，他们的学习成绩下降是毋庸置疑的，更重要的是，在孩子的潜意识里，把学习当作累赘，思想的变化造成了行动的变化，教师的正确引导就显得尤为重要了。拿微信来说吧，我们引导学生利用微信群进行思想、学习交流，心里不舒服也不愿意向父母倾诉，一味在群里诉苦，让内心的压力得到释放；小伙伴们分享的文章也可以用来励志；生活、学习中的见闻拍照片立马分享到群里，不受时间和空间限制；甚至还可以让老师牵头，在群里讨论学习上的问题，当然离不开老师的引导和家长的监督，孩子毕竟是孩子，做这些，必须有老师和家长的全面监督与配合，我们既要尊重孩子们的自由，也要给他们一个个性发展的空间，正确地引导孩子好好地利用网络，而不是被网络吞噬。

三、颠覆了青少年传统的交往方式

互联网的高效、快速、方便和独特的交流方式与青少年好奇、喜欢幻想、追求个性的特点极其吻合，互联网必定会成为青少年的宠物。网络让他们了解了书本中不曾讲过的知识，更让他们体验到了世界的更多新奇，与世界信息的息息相通。他们的交往对象不仅仅是生活在周围的人了，他们有游戏的交流对象，他们有微博谈论的好友，论坛里有他们志同道合的"同志"……他们的朋友来自五湖四海，当全世界五彩缤纷的信息全部集结在青少年面前的时候，他们的见识、视野、心胸都会在不同程度上有所改变，从这个角度而言，我们可以充分地感受到互联网为青少年创建的一个无比宽阔的交往平台，他们甚至可以接触到一些平常不可能交流到的交流对象，这无疑是一大幸事。然而，我们不难发现，青少年没有健全的道德观念、明辨是非的心智，恰恰由于交往平台的宽阔，少数青少年受到很多不健康思想的影响。特别是一些不良的交往对象，给青少年带来一些不良的思想影响，使得青少年在认知方面、人格方面、价值观方面产生了偏差，影响了学业，严重的甚至走上犯罪的道路。作为教育工作者，我们不应熟视无睹，应深入学生的世界，时刻了解他们的动态，积极参与他们的活动，以平等的参与者、合作者的身份来引导学生走向正确的方向。如我们学校，有家校平台，学校与家长引导孩子合理上网、交流好的典例；班主任与家长有反馈交流的微信群，家长和老师共同关注孩子们的学习和思想动态，寻求各种良好的教育途径；孩子们有自己的 QQ 群，孩子们自己做群主，老师只是一个参与者，可以上传一些好的学习视频和有关行为规范的动画片，这样一来，孩子们就乐于接受。既然孩子们离不开网络，教育工作者就要参与其中，与他们一起学习，一起分享，一起成长。

综上所述，我们深知，网络与新媒体对青少年的影响颇深，我所阐述的仅仅只是几个方面，它是一把"双刃剑"，可以让青少年受益匪浅，也可以让青少年误入歧途。只有社会、学校、家庭共同努力，才能为青少年的成长创建一个文明、和谐、高效的网络环境，把中华传统的精华融入其中，青少年必定会去其糟粕，取其精华，成为跨世纪的一代新人。

巧妙运用信息技术，让语文教学灵动起来

在信息技术迅猛发展的今天，我们的教育教学方式也在信息技术发展的冲击下迅速地变革着，传统的教学模式和手段也在悄然地发生变化。我们每一位教师要迅速地适应新型的课堂模式，不断地学习和摸索以适应新形势，创新方法，既要传承老的教学模式的精华，又要学会巧妙地运用信息技术，让我们的课堂充满生机、展现活力、夯实知识、形成能力。作为一个在教学一线奋战了二十五年的语文教师，我一直紧跟时代的步伐，在深钻教材的基础上，竭力地寻求语文教学与信息技术相结合的衔接点，让语文课堂在信息技术这个载体的辅助下变得灵动起来。

一、运用信息技术，通过课前预习，让学生"动"起来

课前预习是语文教学中时常采用的一种教学方法，有效的课前预习可以使课文的教学起到事半功倍的作用。传统的预习方式一般有以下几个步骤：读（熟读要学习的课文）—圈（圈出课文中的生字新词）—查（查阅工具书理解生字新词的意思）。我根据课文内容，先写出预习导学卡，让学生运用信息技术，结合我的预习导学卡有针对性地预习课文。在教学古诗《别董大》时，我的导学卡就设计了这么几个内容：1. 了解诗歌的时代背景；2. 了解作者高适；3. 熟读古诗，试着标出节奏、理解诗歌大意；4. 收集其他的送别诗。学生回到家后，根据我的导学卡，运用各

种媒体查阅相关资料，有的用电脑，有的用手机，亲自查阅资料，并把收集到的内容认真地记载在导学卡上。由于学生课前收集了资料，第二天上课，我只是课堂的引导者，学生成了课堂的主导者，他们的课中汇报精彩纷呈，有条件的家长还引导孩子把预习导学卡的内容做成了简单的 PPT，我也及时地在课堂上播放，在充分利用信息技术预习课文的过程中，学生既动了手，又动了脑，既达到了教学效果，又让学生收集信息和处理信息的能力得到全面的提高，真是一举两得。

二、运用信息技术，通过课中展示，让课堂"活"起来

1. 创设特定的情境，帮助学生理解文章的重难点。

根据信息技术的优势，我充分运用现代信息技术，制作出许多课件，把课文中许多用简单的教具无法达到的内容，通过多媒体再现，创设出各种情境，来解决课文中的重难点。例如，我在教学《淡淡的茉莉》一课时，我运用信息技术把"直奔"中的"奔"字在古代中的写法（金文）以动画的形式一步一步地展现出来，在展示的过程中，配上我与动画同步的解说：奔字的上面是一个"大"，像一个人挥动着双手，下面是"止"，这个"止"，就是这个"脚趾"的"趾"，而且，这里是三个"趾"，表示快跑的意思。同学们说说，爸爸一只脚跑行吗？不行呐，妈妈都住院了，一只脚跑不快，两只脚够不够快呢？还不够！得三只脚来跑啊！因为爸爸想早点跑去医院，才能了解妈妈的病情。通过这一字理的情境教学，爸爸的急切心情跃然纸上，让学生在悄声无息中感受到了，这是一种发自内心的牵挂，发自内心的爱，你说，这里能换成"走"字吗？不能！所以呀，一个"奔"字，作者让它有了爱的温度，爱的味道。与此同时，也让孩子们透过情境的创设深深地体会到了"爱如茉莉"的真正含义，使学生轻松地理解了文章的重点。正因为在语文课堂中诸多情境的创设，可以从古到今，从天文到地理，同时使得声画同步，化无声为有声，化无形为有形，让学生在具体的情境中去感受，去发现，去研究，去探索，去创造，极大地提高课堂教学质量，有效地培养了学生的语文素养。

2. 提供特殊的视频，解决现实无法解释的疑难处。

在小学的课本中，出现了许多小学生陌生的知识，这些知识由于离学生的现实生活很远，也因为小学生的知识层面较低，见识少，他们是难以理解的，特别是一些科普类的知识。在上课的过程中，仅仅靠教师的一张嘴，手中的一支粉笔，那是永远也没有办法跟学生诠释清楚的。这个时候，我就及时地运用信息技术作为辅助手段，帮助学生来了解无法理解的疑难之处。如我教授《神奇的小孙悟空》，因为学生对《西游记》非常熟悉，对孙悟空产生了极大的兴趣，以为它就是那个神通广大、无所不能地陪着唐僧去西天取经的孙悟空，但是，对于"小孙悟空"能治爷爷的病，学生就迷惑不解了。为了让学生了解此"孙悟空"非彼"孙悟空"，我提供了"小孙悟空"给爷爷治病的一段视频，这段视频形象而生动地向学生展示"小孙悟空"给爷爷治病的全过程，原来"小孙悟空"就是一个高科技的微型机器人，它灵巧地在爷爷的脑血管里清除脑血管中堵塞的杂物，让爷爷堵满垃圾的血管顷刻间变得通畅。通过这样特殊的视频展示，学生完全了解了"小孙悟空"治病的过程，也激发了学生对科学学习的极大兴趣和热情，给他们种下科技创新的种子，这都是信息技术给语文课堂带来的生机，它的作用无须质疑。

3. 营造轻松的氛围，调动学生自主学习的兴趣。

在日常的语文教学中，我们习惯于老师为主导的教，我深切地感受到这一现象禁锢了我们语文课堂的灵动性，教学就是老师的教与学生自主学习的完美结合。为了扭转总是以教师为主体的满堂灌，我运用信息技术给学生营造了一个自主学习的空间，把"要我学"转变成了"我要学"。如我在学习修辞手法的过程中，我自己先做了一个微课（微视频）——修辞手法之比喻，通过微课的展示，我让学生明白我是通过比喻句的概念、分类、比喻词的运用、生活中的比喻等几个方面来教比喻这种修辞方法的。之后，我就要六年级的孩子学着我的微课形式在家里自己来设计拟人、夸张、反问、设问等几种修辞手法的讲解。学生设计好后，就利用家长的手机把自己讲解的视频拍下来，第二天展示给大家看，这样，整个班就有了很多老师：黄辉讲拟人、李雅婷讲夸张、王诗琴讲反问……之后，我又教孩子们把这些微视频运用草料二维码技术，把他们转换为一个个二维码，只要把二维码发到家长微信群，家长用手机一扫，就可以看到孩子们上课的视频了。这一段段小视频虽然做得稚嫩，但这是孩子们自己探索知识的见证，更是孩子们主动学习的动力，我在鉴赏的过程中，稍加指导和总结就出效果了，很多家长感叹，原来，信息技术可以让孩子变得主动学习，主动探索。

三、运用信息技术，通过语文拓展，让教学"实"起来

语文教学从来都不会仅仅停留在课堂中，作为一个语文老师，一定要有大语文教学观，要让语文教学走出课本，走出教室，走向社会，走向大自然。我特别注重语文知识的拓展，引领学生积极地开展语文实践活动，让学生在语文实践的活动中，把学到的知识运用在实际的生活中。如我在开展"全城错别字收集"的实践活动中，学生利用相机、手机、把自己走遍全城发现的错别字照下来，回家后整理、归类，有的在电脑里做成了PPT，有的用家长的手机做成了美篇，回到课堂就展示自己的成果。不管他们运用什么样的形式来展现，他们都在这个过程中运用已经学到的知识，运用信息技术的基本技能，凝成了传统教学

中无法提升的各种能力，这让孩子们的语文素养得到快速地提高，也让语文教学落到了实处。

语文教学需要语文老师，通过各种教学手段来传承中华民族五千年来留下的灿烂文化，而信息技术的使用，可以让传承文化、继承传统变得更加快捷、方便，这是作为一个教育者应该探索和努力的方向，相信付出努力后，一定能收获芬芳。

让写作文插上飞翔的翅膀

教书二十载，一直教语文，与同事们聊天，听到许多埋怨。现在的孩子最头疼的就是写作文，一布置作文作业，不是愁眉苦脸，就是唉声叹气。在与一些家长交流的过程中，家长们也有同感。作文在语文学科占的分量那么大，可孩子们都不大喜欢作文，有的孩子甚至对作文有一种恐惧感。可是，我班里的孩子在写作文方面好像并没有那么反感，大部分孩子甚至要我布置作文，他们好像找到了作文的路，感受到了写作的乐趣。我教的班级永远是合格率100%。在2013年下期期末检测中，85个孩子，只有一个智力稍微有点问题的孩子没有达到优秀，也有82分。回想起来，我更加坚定作文的信念，那就是：让孩子们写作时插上飞翔的翅膀。我从以下四个方面去引导孩子们实现飞翔的梦想。

一、观察

俗话说，世界永远不缺少美，只是缺少发现美的眼睛！这句话告诉我们，观察是多么重要！每个孩子都有一双水灵灵的眼睛，更有一颗纯真而敏感的心，我特别注重引导孩子们观察身边的人、物、事及其变化。色彩斑斓的世界会在他们幼小的心灵激起一道道涟漪。春天是一个生机盎然的季节，我带领孩子们走进春天，那妖娆多姿的百花，那迫不及待要探出脑袋的小草，那在塘里戏水的鸭子，还有在田里劳作的农民伯伯……都吸引孩子们去观察。回来后，我们进行班级作文：《春天来了》，孩子们都有说不完的话。秋天到了，那是丰收的季节，千姿百态的水果，那是秋天的宠儿：紫色的、青色的、红色的葡萄，多汁而又酸甜可口。葡萄的颜色就是一幅美丽的画。稍加引导：葡萄是从哪里来的？原来有这么多姿多彩的葡萄吗？哪里的葡萄最好吃？葡萄还有别的用处吗？这样观察、想象、查证，写《我最喜欢的水果》不就得心应手了吗？另外，老师穿了什么衣服？老师的心情怎样？家里还有哪些人和发生了哪些的事……也就是说，不放过任何引导学生观察周围事物的机会，只有观察了，才有感悟，才有表达的欲望，才能让孩子们的联想翱翔，写作才能像春天的花一样——自然绽放！

二、描述

描述就是用色彩鲜明、立体感强、生动形象的文字语言把观察对象的状态，生动、具体地描绘出来，给人以栩栩如生、身临其境之感。确切地说，只会观察不会描述，那是不能形成作文的。让孩子们把感知描绘出来，就如同看到一处风景用手中的彩笔描绘在画板上。为了让孩子们在描述中掌握一定的方法，我特别注重在阅读中循序渐进地渗透描述的技巧。我们知道，语文教材的每一篇文章都是编者深思熟虑，并结合了语文训练精挑细选出来的，编者在每个单元的编排中都会贯穿一个写作训练点，写人的一个单元，状物的一个单元，想象的一个单元……我把每一篇文章都当作是教学的一道例题，带领他们理解作者是怎样把文章描写得这样生动具体的，探讨他们在写作中采用的这些方法。在这个过程中，孩子们会知道总分总，总分，分总的构段方式；会知道按时间、空间、方位来叙述的写作方法；会知道顺序、插叙、倒叙这三种叙述顺序；会知道语言描写、动作描写、神态描写、心理活动描写，知道正面描写、侧面描写和环境描写等描写方法；他们还会知道要想把文章写得生动具体，还可以适当运用比喻、拟人、排比等修辞手法，也可以运用一些歇后语、名言警句。孩子们慢慢地掌握这些后，引导他们在观察的基础上去描述，他们可以使用的词语或许还不够多，那就从最简单的人、物、事的描述开始。为了解决作文枯燥的问题，还可以让孩子们描述自己最感兴趣的东西。喜欢猫、狗的孩子就让他描述猫和狗。自己描述的作文就像一幅画，把感知变换成文字记录在纸上或电脑里，这就是作文了。

三、分享

每个人都渴望与人分享，分享自己的劳动成果，分享自己的成功喜悦，甚至分享自己的不快乐。有了分享，人才可以变得自然、顺畅、愉悦。孩子们自己的杰作，如果只是成为自己作文本上的文字，那就没有了灵性。我创造多种机会让孩子们把自己的描述（作文）分享给不同的人。每堂语文课，我都插入课前五分钟说话训练的环节，这个环节让孩子们把自己的所思、所感、所悟分享给大家，不需要长篇大论，有一个小小的主题就行：清洁工怎样扫地的；门卫爷爷在抽纸卷的香烟；解出了一道数学难题；我家的三角梅开花了……通过日积月累的训练，孩子们不仅表达能力得到了充分的提升，而且积累了许多素材，是一举两得的好事。我还要求孩子们与同学、爸爸妈妈分享自己的习作，分享自己的感受。也可以发到微博上，谁看到谁就分享到了，可谓远远近近都结缘。

四、认可

认可与赞美是金钱都买不到的东西，任何人做事情，都希望得到别人的认可和赞美，天真无邪的孩子，就更加珍惜认可和赞美。为了让每个孩子的写作都获得相应的认可，我把孩子们的习作多渠道地展示出去，让孩子们尽可能地尝到成功的喜悦。一是每堂课的课前说话训练，设置优秀表达奖，说得好的，可以课后把自己讲的内容写下来，贴在教室后面的"优秀心得"栏里；二是每天早读课之前，读一篇优秀的习作，读了的文章都可以编入"班级优秀作文集"中，并上传到班级的 QQ 群里，让全班同学都去阅读，让同学们都去点赞，看谁得到的"赞"多；三是把同学们一致认为优秀的文章放进专门开展的品评课里，大家品评后，推荐到学校的网站，或校报，并参加各类作文竞赛。通过这些环节，孩子们在不同的地方得到了不同的认可，孩子们拿到荣誉证书，他们脸上的笑容，恰如世界上最美的花朵，笑得天真灿烂，不是鲜花，胜似鲜花，我仿佛听到了花开的声音，是那样的曼妙！

让信息技术与语文教学巧妙地融合起来

进入二十一世纪，科学技术突飞猛进，学校教育呈多元化组合，课堂教学日新月异。从最初的幻灯片演示到录像教学，再到今天多媒体软件走进课堂，这方教育天地变得缤纷多彩，有效地调动了学生学习的积极性，提高了教育教学质量。尤其是语文教学，现代信息技术的应用，让学生感受多层次的美，有效地优化了课堂教学。

一、展示自然美的魅力，创造自然美的意境

任何一种自然美，都由多种多样的形式、因素构成。一朵花的美，就是由它的原色彩、线条、姿容、芳香构成的。一只动物的美，就是由它的体态、毛色、动作、叫声构成的。它们都能给人以形态、声响等方面的丰富感。运用现代信息技术，可把音、像、文字融为一体，使教学内容情境化，增强了教材的艺术感染力。

如古诗《鹅》的教学，通过现代信息技术，把视听媒体加入朗读环节中，学生会感受到一股古朴的气息扑面而来。黄色的玻璃瓦，朦胧的红色城墙，伴随着古典优美的古筝曲，音色圆润的朗读，给学生创设了"大珠小珠落玉盘"的视听享受。讲读"曲项向天歌"的"曲项"，"红掌拨清波"的"拨"，通过动画，学生理解这两个词时，就比较富有直观性。最吸引人的要数"欣

赏"这一环节了：乡间的小路上，摇摆着肥胖的大白鹅；河面上，成群戏水的鹅群；飞舞盘旋的天鹅，在《天鹅湖》曲中翩翩起舞；《四只小天鹅》的动画设计更让人忍俊不禁……这种图片、视频、音频的多元组合，令这节古诗教学声情并茂。学生不仅掌握了教学内容，还受到了艺术熏陶。这种教学效果，正是现代教学媒体独有的魅力所在。

二、呈现社会美的多姿，揭示社会美的真谛

现代信息技术以其形象性、直观性等特点，可以化无声为有声，化无形为有形，化静态为动态。学生视听结合，音形结合，声画同步，呈现出社会美的多姿多彩，学生在美的享受中生动活泼、积极主动地去获取知识，求得发展。如我在教《长城》时，把长城的"像一条长龙，在崇山峻岭之间蜿蜒盘旋"的气势，运用多媒体展示在学生的面前，让学生感受长城的美和壮观的同时，深深地体会到，在当时条件极其艰苦的情况下，我国古代劳动人民用血汗和智慧凝结成了这举世闻名的万里长城。这一伟大奇迹的诞生，进一步揭示了"劳动创造了美"这一真谛。在这样的情境之中，学生就容易理解：美来自艰苦的劳动，美丽可爱的世界是靠艰苦劳动创造出来的，从而达到激发学生的劳动热情，提高学生劳动自觉性的目的。

三、塑造艺术美的形象，丰富艺术美的情感

运用现代信息技术不仅能塑造艺术美的形象，而且能丰富艺术美的情感。如我教授的《月光曲》，在生动的讲解中，学生对贝多芬以及作品《月光曲》逐渐产生了喜爱的情感。在他们初步有了联想的时候，我适时播放《月光曲》，学生在优美的琴声中，诱发丰富的联想，与盲姑娘产生情感共鸣——"仿佛看到了那月光照耀下的波涛汹涌的大海"，学生在情感的变化中得到艺术美的陶冶。黑格尔曾说："音乐是心情的艺术，它直接针对着心

情。"说明音乐是有感而发的，是心情的表露。贝多芬怀着对兄妹俩的同情心，对劳动人民的热爱，借美妙的音乐给盲姑娘送来光明，送来快乐，使盲姑娘终于"看"到了波涛汹涌的大海。如果没有先进的教学媒体，这一艺术之美，又何以能在短时间内让学生去体会、去感受，从而产生共鸣呢！

如何在语文教学中巧妙地运用信息技术

走进二十一世纪，全球进入了一个全新的信息化时代，互联网与新媒体以迅雷不及掩耳之势，深入每个人的生活中，它让人们的生活变得丰富多彩的同时，也在悄然改变着人们的一切。对于一个语文老师来说，我觉得信息技术改变着我们的教学模式，也在改变着学生的学习方法，它在很大程度上提高了我们的教学效率，也提升了学生的语文素养。结合教学实际，我谈谈信息技术在语文教学中的巧妙运用。

一、利用信息技术扩大学生的信息储存量

语文教学，我喜欢让学生课前收集相关的资料，根据每堂课的不同要求，提出不同的收集步骤和内容。比如，我教授《墨竹如人》这一课时，我在课前，就要学生去收集郑板桥的相关资料，让学生通过查阅资料去感受郑板桥为官时的清正廉明、体恤民情，知道其辞官后的甘于清贫、不媚权贵的故事，当学生充分了解了郑板桥的为人及故事以后，我把自己收集到的关于他的一切资料做成 PPT，进行交流。这样的交流后，学生掌握了本课中心——竹品皆人品，体会到了郑板桥"劲节、高志、心虚"的高贵品质。学生通过积累，储存了大量的知识，效果显而易见。

二、运用信息技术解决文章的重难点

传统的教学，一支粉笔一块黑板，我们的教学很难得心应手，特别是有些课文的重难点，用传统的教学手段是无法超越和实现的。比如我在教授《生气的丝瓜》一课时，运用多媒体课件，充分展示丝瓜的思考能力和它的行动力，把它的生长过程活灵活现地展现出来，让学生看得目瞪口呆，惊奇之余，终于理解丝瓜的神奇之处。

三、运用信息技术，让课堂充满活力

信息技术的运用，可以化无声为有声，化无形为有形，它可以让音、画、文字同步，充分调动学生的感官，也让单调、乏味的课堂顿时变得灵动起来。如我在教《会飞的孩子》一课时，我通过视频展示怒江的"怒"字，让学生在观看视频的过程中，充分感受江水的怒气冲冲，横冲直撞和轰轰作响。这个视频形象生动，学生的听觉、视觉都调动起来了，理解课文自然而然就容易了，学生的思维也被完全调动起来了，这是传统的教学手段无法创设的课堂氛围。

运用"1+X"教学模式，让古诗词教学灵动起来

　　"1+X"是毕英春通过自己的教学实践探索出来的一种单元授课教学模式。"1"指的是精读课例的教学，就是选取一篇有代表性的文章进行精读，在精读的过程中深入文本，感悟体会，重点抓住文章的一个点，教给学生一定的学习方法。"1"相当于数学课堂中的例题，它肩负起以例学法，举一反三的重任。而"X"则是由"1"带出来的用以阅读与其相关课文的，要求学生运用精读课例的方法，自主学习多篇课文，从而达到阅读量不断增加，提升学生语文素养的目的。

　　古诗词用字凝练、意韵优美，是中华传统文化的经典所在。近年来，我国不断加大传统文化的传承力度，部编小学语文教材中选入了129篇古诗词。但我认为作为传统文化的继承者、发扬者，光学会这129篇古诗词是远远不够的。

　　那么，如何加大学生学习古诗词的容量呢？通过探索实践，我找到了让学生大量学习、掌握古诗词的切入点——运用"1+X"教学模式来学习古诗词。这种模式不仅缩短了古诗词的教学时间，还能让学生在较短的时间内学会更多的古诗词。更重要的是，通过举一反三的方法，古诗词的教学变得灵动鲜活，促使学生形成了各种能力，语文素养得到了质的飞跃。

一、精心设计，巧妙安排，善于总结，古诗"1"的教学突出一个"实"字

为了让古诗词的教学有一个系统的学习过程，开学时，我把本学年度所有的古诗词罗列出来，根据内容分类。每个类别精心设计一个经典的教学案例，用作学生学习这一类别的古诗词的典范。要想让学生学会方法，老师得先实实在在地当好引路人。如我设计的经典案例《凉州词——走进边塞诗》，就是以课文中的古诗《凉州词》为例，展开了"1"的边塞诗范例教学，探索出了学习边塞诗的方法与途径，使得学生学习边塞诗有章可循、有法可依，从而能自主学习更多的边塞诗，把"X"放到无限大。

（一）课前收集、整理资料，是学好古诗词的前提。古诗词虽然经典，但用字凝练，往往有许多古文经典穿插其中，与学生的实际有一定距离，如若全靠在课堂里把相关的内容讲清、讲透，是难以做到的，必须在课前下功夫。在教学《凉州词》之前，我布置作业，让学生大量收集关于边塞诗的资料，以及诗人王翰和《凉州词》这首诗的写作背景。学生收集资料后，我先上一节预备课。这节课主要是让学生汇报自己所收集的相关资料，在学生的汇报过程中教给学生收集资料的方法，重点是教给学生分类整理资料的方法，并运用实例进行示范。

在《凉州词》相关资料汇报课中，我根据学生汇报的资料做了一个边塞诗的微课视频。这个微视频阐述了什么是边塞诗，介绍了边塞诗的风格特点、代表诗人、常出现的意象、常用的写作手法，以及边塞诗的分类。通过观看视频，学生对边塞诗有了比较全面的了解。我引导学生利用收集到的资料自己制作微视频，没有条件的学生则运用思维导图来呈现自己的见解。经过一段时间的训练，孩子们做出了许多关于古诗词的微视频：《送别诗》

《诗中的四季》《诗中月》《诗中雨》……一个个微视频的制作和思维导图的设计，让学生收集资料和处理信息的能力得到了大幅度的提高，为学生学习古诗词打下了坚实的基础。

（二）课中垂范，授人以渔，是学好古诗词的关键。埃德加·富尔在《学会生存》中写道："未来的文盲不再是不识字的人，而是没学会怎样学习的人。"古人也云："授人以鱼，不如授人以渔。"古诗教学中的"1"就是"授人以渔"的过程。在教学《凉州词——走进边塞诗》时，学生通过微课视频了解了边塞诗的相关知识和作者、时代背景以后，我就运用"抽丝剥茧"的方法，和学生进行了一场精彩的足球赛。我负责发球，绝不一人单打独斗，经常把球踢给学生，让学生完成精彩的进球。如我先从古诗意象入手，让学生谈感受，感受诗人表达的情感。我反复提问：你读到了什么？你看到了什么？你又感受到了什么？学生谈完感受，我又让学生把感受带进诗中去读。如此循环往复，学生离作者越来越近，离诗情越来越近。

在体会"醉卧沙场君莫笑，古来征战几人回？"一句时，我巧妙教给了学生体验边读边悟、边悟边读的学习方法。古诗词的用字巧妙含蓄，是学生很难领悟到的一个层次。"笑"是全诗的诗眼，可"笑"字妙在哪儿？为了让学生领悟到"笑"字背后的含义，我别出心裁地设计了以下环节：先播放一段关于战争的视频，在音乐与画面的渲染下，结合前面环节的学习领悟，学生身临其境，深深感受到了战争的悲惨与壮烈。紧接着，我抛出问题："看到如此残酷的战争你还会笑吗？我不敢笑、我怎能笑、我岂能笑，因为……"这些问题的设计，已经超越了教材，超越了诗词，直达每个孩子内心最柔软之处——情感。学生的回答妙语连珠，从亲情、从爱国、从战争的残酷分别阐述自己的见解，又完成了一次精彩的进球。至此，学生明白学习古诗一定要切己体察，才能真正理解古诗词所包含的情感。

最后我引导学生一起总结出学习古诗的步骤：查阅资料——了解本类别诗的相关知识，了解作者和时代背景；融情想象——想象字面描写画面，想象画面之外的情形；切己体察——设身处地，想象置身画面的心情、感受，悟出诗中情感；反复诵读——在读中理解，在读中升华；举一反三——诵读类似的古诗，学以致用，丰富古诗积累。通过这样扎实的示范教学，学生对学习这类古诗词有了非常明确的方向。

二、引导得当，合作探究，全面参与，古诗"X"的教学突出一个"活"字

古诗"X"的学习过程，看似是一个学生依据"1"之后的一个自主学习的过程，但是教师的引导仍然显得尤为重要。只有老师"导"中穿针引线，学生的学才能运用自如。

如我上完《凉州词——走进边塞诗》的"1"之后，先引导学生收集其他的边塞诗，然后按照内容将诗分成四类：如火的激情——边塞健儿杀敌报国、建功立业之情怀的袒露；旷世的孤独——戍边将士思念家乡，挂念亲人之情怀的关注；现实的残酷——塞外生活的艰辛与连年征战的残酷的体现；绝世的风情——边塞奇异风光与边陲人民生活状况的描绘。收集完毕，我让学生根据类别去查阅相关的资料，为小组合作交流奠定了坚实的基础。

在课堂上，我引导学生完成了《马》《夜上受降城闻笛》《从军行》三首古诗的自主学习。学习的过程中，我完全放手让学生依据"1"所学到的方法进行开放性的学习（前提是事先已经进行了小组合作的训练）。这个过程必不可少，而且还要在实践中反复训练。因为小组合作的好与坏，直接影响学生自主合作的效果。合作小组要有领导者，负责分工、合作、协调，还要确定好中心发言人，负责收集学生总结出来的观点。小组的成员结构按照好、中、差搭配，每一个成员都要有自己明确的任务，也要有为小组增光的决心，这样就能让小组合作学习不流于形式，从而实现自主合作探究的目标。与此同时，在学生小组汇报前，老师还得事先认真钻研，反复推敲，设计几个中心问题，让学生围绕这几个问题开展自主学习，起到穿针引线的作用。这样，就能把小组的自主合作探究学习落到实处，学生也会在讨论的过程中逐步学会并掌握这种合作探究学习的方法。通过这样的过程，我把学习古诗词整个"1+X"的过程展现给学生，并让学生学到了方法，形成了能力。目前，我已经完成了《送别诗》《诗中的四季》《诗中月》《诗中雨》《苏轼专辑》《李白专辑》的教学，把"X"扩到无限大，让学生由课内到课外，自主学习了大量的古诗词。

学无止境，教无定法，老师与学生都可以在教学双边活动中不断地吸取知识，形成能力，只要我们在教学中永远不停下探索的脚步，我们的教学之路就会走得更宽、更长。我相信，通过我们不断地探索与实践，我们定能把"1"设计得更巧妙、更接地气，从而把"X"变得灵动而又丰盈，因为传承中华传统文化是为师者义不容辞的义务和责任。

运用信息技术，让古诗教学插上腾飞的翅膀

古诗词是中华五千年传统文化史上的一颗璀璨明珠，它历史悠久，经久不衰，以内容丰富、形式各异、富含神韵、音律优美为特点，深受炎黄子孙的喜爱，可以说"无古诗词非中国也！"古诗词已经深深地嵌入了华夏人的生命里。在新编的部编版语文教材里，古诗词的量在原来的基础上大幅度增加，体现古诗词在小学语文教学中所占的地位逐步上升。作为一名语文教师，我们有责任和义务把古诗词的精神种子，通过课堂教学潜移默化地播种在小学生的心田里。

由于古诗词所展现出来的意境与现代生活有较大差异，离学生的生活实际更加遥远，传统的教学模式与教学手段难以完整地向学生诠释。经过多年的探索与研究，我渐渐发现，当信息技术巧妙地融入古诗教学中去，古诗教学就像插上了腾飞的翅膀，变得更加灵动而富有生机，而古诗词本身独特的艺术感染力也在教学中慢慢体现，学生学习古诗词的兴趣也油然而生。

一、引导收集资料，扩大古诗词教学的宽度

大数据时代也是信息爆炸时代，网络基本全面覆盖了我们的生活，只要在网络上动动手指，就能搜索到我们想要的关于古诗词的所有资料。在日常的教学中，我充分利用网络便捷这一优势。如我在教学边塞诗《凉州词》之前，我布置学生课前去收集

资料：1. 关于作者王翰的生平、作品；2. 关于边塞诗的相关资料，包括边塞诗的定义与发展历史、代表人物、自身风格、常出现的意象与地名，乐器与曲子、写作手法以及边塞诗的分类。看似简单的两个课前收集问题，却激发了学生的兴趣，可谓是一石激起千层浪，学生马上投入到"网"海中。他们根据我在课前提供的设计收集单在"网"海遨游，并进行详细的记录与分类。由于每个学生认知与鉴赏能力的差异，即使问题相同，他们的收集角度不同、侧重点不同，这就使所得到的各种资料丰富而有趣，真的是百花齐放啊！

在课堂中，提起作者，学生说起来头头是道，不仅把作者的生平与他的作品说得极其详细，而且还能把与之相关联的故事进行简单的叙述，孩子们暗中较劲，以谁知道得多而自豪。特别是关于边塞诗的知识，孩子们把搜集到的资料整理得井井有条，且争先恐后地汇报，汇报的过程中出现了"百家争鸣"的景象。一些有一定信息技术能力的孩子，还把边塞诗做成了一个个微课视频，我真的被震撼了，老师永远都不要低估孩子们的能力！我这个老师在课堂中只起穿针引线的作用，孩子们就完完全全成了课堂的主人。试想：如果没有学生在"网"海遨游的自主过程，光靠我一张嘴巴，一支粉笔，怎么能让孩子们在短时间内获取这么全面的知识？最关键的是，孩子们是自主地获得知识，而不是被动接受，这样自主收集资料的方式，扩大了学生学习古诗词的广度。

二、创设古诗词意境，延伸古诗词教学的厚度

古诗词之所以有那么大的艺术感染力，在于它用及其精炼的文字，自然地展现景物，含蓄地表达情感，还可以配之以优美的音律，可吟可唱。对于小学生来说，要真正走进古诗词，并非易事，而信息技术的辅助作用，可以让孩子们真正走进古诗，把古诗词教学的厚度无限延伸。

1. 音乐、音频渲染意境。

在众多古诗词中，出现了许多乐器，那优美的声音仿佛为古诗词增添了一抹绮丽的色彩。在理解"葡萄美酒夜光杯，欲饮琵琶马上催"时，那急促的琵琶声萦绕在学生的耳边，也一声一声地敲打在将士们心中，在这急促的琵琶声中，孩子们仿佛就是即将上战场的将士，他们在音乐的渲染中，感受到了这急促的琵琶声是在催将士们赶紧放下杯中的美酒奔赴战场，给人一种身临其境的感觉。而"羌笛何须怨杨柳，春风不度玉门关"中的羌笛，所吹的调恰好是悲凉的《折杨柳》，触动了戍边将士心中的离愁别恨，音频一渲染，孩子们感同身受，对戍边将士身处艰苦的战争环境，久别亲人，思念亲人的思绪理解得特别透彻，使得理解古诗表达的思想感情就水到渠成了。

2. 图片、视频再现意境。

要走进古诗的意境，光靠孩子们自己读诗、老师讲解，是不够深入的，在恰当的时候，运用图片与视频把古诗中那些离学生生活久远的场景展现出来，会对理解古诗起到事半功倍的作用。为了深入地理解"醉卧沙场君莫笑"中的"君莫笑"，我运用视频给学生展现一段古代战场相互厮杀的场面，孩子们通过观看视频，情绪完全被调动起来，他们从视频中看到了"血流成河、白骨成堆"，深切地体会到了战争的残酷，我顺势追问："此时此刻，你还会笑吗？"孩子们争先恐后地说："我怎能笑，因为发生战争，就意味着生命的失去；我岂敢笑，那战死沙场的千万将士都是一条条鲜活的生命啊！"孩子们在交流和感悟中，对"古来征战几人回"就理解得更加深刻了。为了让孩子们看到庐山的真面目，我先用图片让孩子们欣赏庐山的美景，再让学生质疑：庐山的美景仅仅就是这些吗？在孩子们自学完古诗后，他们对庐山的真面目非常期待，于是，我给孩子们展现了一个 3D 动画，把庐山的正面、侧面、高空俯瞰、低处仰望，以及晴空万里时，云雾缭绕的画面展现在他们的面前。孩子们惊叹，原来，不同角度看到的庐山是完全不同的，真是"远近高低各不同"啊！孩子们在情境中思考：怎样才能"识庐山真面目"呢？必须走进庐山，从不同的角度去观察庐山。通过信息技术把诗中的意境再现，孩子们在多种感官与思维在碰撞中自然地理解了诗歌所蕴含的道理：观察事物不能只看表面，要多方位、多角度去观察，这样才能看清事物的本质。

3. 微课、资料补充拓展意境。

微课与资料补充是我在古诗词教学中常用到的方法，它们能让古诗词教学走向更深层次的理解。如我在引导学生学习"黄河远上白云间，一片孤城万仞山"这句诗时，我引导孩子们理解了黄河水从天边的白云间奔流而来的壮观景象，在此基础上，我播放自己制作的微课《古诗中的黄河》，把"君不见黄河之水天上来，奔流到海不复返""大漠孤烟直，长河落日圆""白日依山尽，黄河入海流""九曲黄河万里沙，浪淘风簸自天涯"等诗句中不同的黄河姿态以文字、图片、视频相结合的形式全面地展现在孩子们面前。孩子们通过自学微课，对黄河有了更深的了解，这是古诗教学中典型的"1+X"教学模式，由此诗中的"黄河"，走向其他诗中的"黄河"，孩子们学习古诗也由"浅"到"深"，由"薄"到"厚"了。如果没有信息技术的参与与融合，传统的教学手段是很难在短时间内展现出不同作者描写出的黄河姿态的，更没有办法让孩子们这么形象而直观地感受到其中所描绘的意境。

三、学唱、自创吟诵古诗词，提升古诗词教学的温度

我们常说，古诗词是有它的音律美的，除了它本身的节奏感之美，我们还可以给古诗配上音乐，让古诗词变得有温度，变成

自己喜欢的东西。最初，我利用网络中现有的唱诗激发学生的兴趣，如每天课前先播放《婷婷唱诗》，孩子们跟着视频唱诗，那鲜明的画面与优美的旋律吸引了所有孩子，他们笑着，拍着节奏地唱着，久而久之，一首首古诗词深深地嵌入孩子们的心中，他们随口可吟可唱。我顺势提高了要求："能给古诗自己配乐吗？能自己创作诗，并配上乐吗？"人的潜力是无限的，班里马上出现了第一个吃螃蟹的同学，段凯圆同学在网上寻找自己喜欢的音乐作为背景音乐，把自己喜欢的一组送别诗唱了出来，《凯圆唱诗》因此而诞生，那稚嫩的，加上了自己理解的童声唱诗，听起来真的别有一番风味。不服气的李裕风同学晒出了《裕风唱诗》，邓薇儿同学亮出了《薇儿唱诗》……到最后，还有很多同学自己创作诗并配乐，真是各有千秋啊！叶圣陶先生曾经说过："教是为了不教。"教古诗除了要让孩子们理解古诗外，最重要的是要让孩子们在教师的引导之下，自己会学古诗，会唱诗，会写诗，如果孩子们把学习古诗词变成了自己喜欢的，愿意去主动探索的学习行为，那么，古诗词的教学就会变得更有温度了。

古诗词教学是花的事业，根的工程，需要我们每一位语文老师竭尽全力而又无比耐心地创造出适合花开的阳光雨露，更需要我们时刻用自身的博学与探索不断地给根浇水、施肥，让我们静待花开！

做学生为生命阅读的点灯人

苏轼在《和董传留别》中写道：腹有诗书气自华。当一个人饱读诗书，满腹经纶时，你的气质与才华将自然而然地得以完美展现，也将成就你不凡的人生。可见阅读在一个人的一生中显得何其重要。小学语文课程标准明确指出，应该从低年级就开始培养孩子们的阅读兴趣，教给孩子们有效的阅读方法，培养孩子们好的阅读习惯。我在语文教学中一直注重对孩子们进行阅读方面的引导，通过各种方法引领孩子们爱上阅读，并把阅读嵌入孩子们的生命中，把书香味融入孩子们的血液里，做学生为生命阅读的点灯人。

一、激发阅读兴趣，调动强烈的阅读欲望

兴趣是最好的老师，这是亘古不变的真理。随着信息技术的迅猛发展，孩子们对电子产品的兴趣大大高于对纸质书籍的阅读兴趣，因此，老师引导孩子们爱上阅读，调动他们强烈的阅读欲望显得尤为关键。

1. 把每天早读课前的 20 分钟打造成"经典诵读时间"。

一日之计在于晨，我充分利用课前 20 分钟带领孩子们进行经典诵读，低年级以读《三字经》《安徒生童话》《格林童话》等为主；中低年级以绘本阅读为主；中年级以现代经典儿童文学为主；高年级以古诗词经典阅读为主。如，我要求五年级的学生

将经典古诗词分门别类（如描写四季的、写花的、写雪的、写人的、写理的等）收集整理成小册子，指定班里粉笔字写得好的几个孩子，轮流将诗词抄写在黑板上，每天抄一首。孩子们准备一个古诗词抄写本，将古诗词抄写下来，我每天对所抄写背诵的古诗词进行简单的评析，学生的记忆就更加深刻了。一个学期下来，孩子们积累的古诗词的量就很可观了，更重要的是许多孩子以能在黑板上抄写古诗词为荣，更为能快速地背出古诗词为荣。这样，既让孩子们阅读了经典，又让孩子们的能力得到了全面的培养，极大地增加了他们的阅读兴趣。

2. 充分利用课前 5 分钟进行阅读分享，让孩子们把自己的阅读感受与大家进行分享。

课前 5 分钟说话训练，是我一直坚持下来的习惯，我把课前 5 分钟说话训练提升为课前 5 分钟阅读分享，要求孩子们把自己阅读到的内容和感受简要地分享给大家。为了提高孩子们的兴趣，我们设计了阅读分享轮流安排表，里面有每个孩子的名字、顺序，还有分享后的等级（特优、优、良、差），孩子们在分享的过程中，我要求孩子们站在讲台上，拿着话筒，脱稿分享昨日自己阅读到的内容，我还给每个孩子拍了视频，直接发到家长微信群里。最初进行阅读分享时，孩子们非常紧张，边说边有许多小动作，而且表达也没有完整性，但是，孩子的潜力是无限的，他们回家观看自己的阅读分享视频，家长配合找到孩子表达时的弱点。同时孩子进一步加大了阅读量，希望能在阅读分享中获得"特优"的等级，大部分的孩子由最初的害怕上台分享到盼望上台分享。这样，周而复始的阅读分享让孩子们的阅读量大大增加了，阅读的面也逐步扩大了，更值得欣喜的是，很多孩子不仅爱上了阅读，还克服了胆怯、自卑的心理，找到了自信，并让阅读植根于他们的心中。

3. 每期推荐阅读书单，定期举行专题分享会。

孩子们有了一定的阅读欲望之后，我就根据孩子们的年龄特征，给孩子们推荐阅读书单，引导孩子们阅读一些有意义、有价值的书籍。这些书籍的推荐，家长们都大力支持，他们通过网上购书给孩子们备齐，为每个孩子进行专题分享提供了有力的保障。例如，近期我推荐的书目是《苏菲的世界》《爱的教育》《草房子》，每天晚上，我要求孩子们读一部分，遵循循序渐进的原则，在规定的时间内阅读完一本书。当一本书读完后，我就利用两节课的时间进行专题阅读分享。如在 2022 年的 4 月 20 日，我就进行了《苏菲的世界》专题分享会，这个阅读分享会，教师一定要事先做好准备：一是教师要先去阅读这本书，熟悉其中的内容，了解书中的精彩之处，这样与孩子们交流的时候才能产生共鸣；二是要设计好阅读分享卡，让孩子们学会事先去整理、收集自己的阅读感受和体会，让孩子们的阅读分享精彩纷呈；三是要在阅读分享的过程中教会孩子们如何去有效阅读。孩子们通过专题分享，了解了一本专著，形成了一个价值观，感受到了一种读书的乐趣，真的是受益匪浅。专题分享会之后，我还把每个孩子在分享会的表现和分享会的整个流程做成美篇，发送给家长，孩子高兴家长也激动。每一次专题分享会结束后，孩子们的阅读兴趣都会大增，我要阅读、我要分享的欲望变得出奇的强烈，渐渐地，孩子们的阅读也由要我读，变成了我要读。

二、创新阅读方法，培养孩子们好的阅读习惯

学生有了阅读兴趣，相当于把阅读的根扎好了，那么教给学生阅读的方法就显得尤为重要了。叶圣陶先生曾经说过，我们的教是为了不教，就是要教给学生方法，让孩子们自主去学习。阅读更是如此，教师教给孩子们阅读方法是关键，只有掌握了阅读方法，孩子们才能在广阔的书海里"畅游"。

1. 以"人文"为线索确定主题进行群文阅读。

《三字经》和《弟子规》这两本书籍都是学习中华传统文化不可多得的儿童启蒙读物，可谓家喻户晓，脍炙人口。所以一年级就以课文为契机，带领孩子们诵读《弟子规》和《三字经》。在此基础上，我顺势引导孩子们在家长的指导下阅读大量的儿童启蒙读物如《幼学琼林》《朱子家训》《千家诗》，并把每个星期的周五第一节课定为阅读交流课，让孩子们对所阅读的书籍进行一个综合的汇报与交流，除了读书内容交流，最重要的是交流怎么收集，怎么去阅读的方法，从低年级开始就自带书香气息。

2. 以"作者"为线索确定主题进行群文阅读。

唐宋两个朝代中，有李白、杜甫、王维、李清照等众多名家，我就引导孩子们以作者为线索去展开古诗词的阅读。如学习了李白的《静夜思》《古朗月行》《赠汪伦》后，把《月下独酌》《秋浦歌其十三》《玉阶怨》这一组描写月亮的古诗放在一起，为学生提供课外阅读的素材，激起学生对古诗、诗人的兴趣。再引导学生到《小学生必背古诗八十首》中去找一找、背一背李白的其他诗歌。通过一系列的阅读，让学生对李白的文风有更深刻的体验。虽然低年级的学生，可能还无法达到这个高度，但是可以让学生对古诗进行积累，为高年级群文阅读做好准备，打好基础。以作者为线索主题进行阅读时，尽量选择语文教材中已经出现过的作者，在教材学习的基础上对作家作品进行补充，使学生对作家有更多的了解。

3. 以"内容分类"为线索确定主题进行群文阅读。

书中的知识是浩瀚无边的，为了引导孩子们能有的放矢地去阅读，我让学生根据内容进行分类阅读。如我在教完了边塞诗《凉州词》后，我总结出学习边塞诗的方法，让学生大量地阅读、学习其他的边塞诗，学完边塞诗后拓展到送别诗、爱国诗、描写四季的诗等；而学完了课文《人类的"老师"》后，又引导学生去阅读有关大自然的奥秘一类的书。以此类推，教师就可以有计划地带领孩子们把古诗类、科普类、天文类、地质类、名言名人类、外国小说类等书籍慢慢阅读，走进各种知识领域。这就是有效的"1+X"群文阅读模式。只要我们教师有计划、有耐心、有恒心地去引领孩子们，孩子们的阅读量见识面就会无限量地增大。

三、注重家校联合，实现学生与家长的共享阅读

在指导孩子们的阅读方面，我特别注重家校联合，让孩子们的家长共同参与到群文阅读中来。就拿我们班来说吧，我们班里共有64个孩子，但是家长微信群里就有129个成员，可见每个孩子的后面至少有两个家庭成员参与其中。我每天布置的作业不多，但是阅读的任务每天都有，我把大部分时间留给学生去阅读。我要求每个孩子在阅读的过程中，最好有家长的陪伴，让孩子们在家长的陪伴下阅读，孩子们的心会静很多，同时还可以与家长进行交流，因为每个孩子都要准备第二天的课前阅读分享。重视分享的家庭，孩子就会在家里先进行自我的阅读分享，然后胸有成竹地参加第二天的阅读分享。与此同时，我还要求有条件的家长把孩子们阅读的照片、阅读的视频、阅读的音频发在家长群里，当有一部分家长在家长群里分享后，很多孩子受到鼓舞，纷纷效仿，于是每天晚上，家长群里书声琅琅。有了家长的陪伴与配合，书声琅琅的课堂竟然搬到了家里，真的实现了课堂的大转移，实现了学生与家长的共享阅读。

"路漫漫其修远兮，吾将上下而求索"，我们努力着，引领阅读经典；我们期盼着，书海里潮出奇迹；我们期盼着，阅读幸福一生！我们更坚信，一定会让每个孩子的阅读，像呼吸一样自然，把阅读嵌入孩子们的血液里——生命不止，阅读不停，用"阅读"点亮孩子们走向美好未来的明灯。

"文言王子"咏"老刘"

　　"文言王子"何许人也？乃宜章县第三完全小学131班谭佳源也。四年级从乡镇小学转至三完小师从老刘。其性格活泼，酷爱阅读，遇上老刘，迅速踏上阅读之"列车"。每日必读书，读完必求老刘开"阅读清单"。初习文言文，沉溺其中，改好文言文版，平日说话、写文章必带文言文味，且写得很传神，故而被冠以"文言王子"之美称。

　　在新编教材之中，编入少量文言文，让学生初步感知文言文特点。所选文言文内容简单，语言有趣，蕴含深刻道理，让吾班学生爱不释手。如《杨氏之子》《王戎不取道旁李》《自相矛盾》，学生皆能通过工具书，借助注释读通文言文，大致理解文言文之主要内容，还能与生活实际结合起来悟出其中蕴含之道理。教学过程中，吾边教边积累文言文中常用文言词，了解它们之意，便可古今通用。经过一段时间的积累，全班同学惯于在交流、讨论、习作中套用文言词，把文言文的味道渗透到自己的学习和生活中。渐渐地，学生对文言文有了更深刻的理解，有了学习文言文的兴趣、氛围，我便开始了"走进文言文"的读书活动：每个家长自主在网上购买《小学生必背文言文》，每日一读；孩子还要与家长互动，读给家长听，给家长说所读文言文的大概意思，家长继而发表自己的见解，并与孩子共读文言文。家长与孩子的亲子阅读，让学生对文言文有了更多的了解。到学校后，我再进行文言文阅读分享，每节课的课前五分钟，孩子们站在讲台上，把前一天的阅读感受分享给大家，坚持一段时间后，孩子们对文言文的阅读与理解都有了显著的进步。谭佳源同学尤为突出，"文言王子"因此而诞生。

那次写作，其内容写人，"文言王子"毫不犹豫写老刘，原文如下：

老刘何许人也？吾国文师尊也。其名雅而美，姓刘曰诗兰。老刘人如其名，有诗人之博大情怀，兰之淡雅。其育人如育花，细而谨之，绝无一懈怠！其热爱诗词，真乃现代"李白"。诲吾辈学而背之矣，吾已背百余首。其知识渊博，绝非凡人所及，吾之父论起之，常叹不如也。欲问吾有几多福？乃拥有老刘师尊也！

——《咏老刘》

文虽稚嫩，但字里行间包含其对老师的无限热爱，都是发自内心的喜爱与崇敬。他对常用文言词的应用比较熟稔了，我惊喜不已。作为一名语文教师，能够让学生从学习兴趣出发，主动去大量阅读，把静态的语言文字内化为自己的语言运用，把课文中学到的知识转化为生命的知识，这就是语文教学的最终目标，学生的语文素养也将在具体的语言实践、阅读实践、写作实践得到稳步提高。

童年的快乐

——读《童年》

　　高尔基的《童年》，是六年级上册快乐读书吧推荐的外国名著，孩子们对高尔基并不熟悉，只停留于他那句"书是人类进步的阶梯"。经过小说单元的学习，学生对小说产生了浓厚兴趣，我趁机上了《童年》的阅读推荐课。我给学生以视频的形式介绍了书的主要内容，让学生对书有了大概的了解后，便带领学生读目录，让学生了解故事情节，最后是书中经典情节的再现，在具体的情境创设中，学生被阿廖沙的童年生活深深地吸引，也对阿廖沙的两个舅舅充满了憎恨——学生的阅读欲望被完全调动起来了。

　　整本书阅读，学生最喜欢的就是课前五分钟的阅读名著感悟分享，学生每天晚上根据自己的阅读速度，读一部分章节，把自己当天晚上所读的内容在家进行总结，用于第二天进行阅读分享。起初，孩子们很胆怯，站在讲台上，拿着话筒，手不知道往哪里放，脚也在抖，讲话也结结巴巴，内容很枯燥。为了让学生讲好阅读分享，我就与学生一起分享，前一个星期都是我先分享，学生再上台分享。这样与学生共分享后，学生的阅读分享越来越好，最重要的是他们的自信心得到了更大的提高。渐渐地，学生不满足于课前几分钟的分享，强烈要求用整堂课进行分享，我没有办法，只好让孩子们分享得酣畅淋漓。我非常庆幸给了孩子们展示自我的平台，我明显地感觉到，孩子们是快乐的，他们神采飞扬，脸上洋溢自信的光芒，连不爱发言的孩子，也能站在讲台上说阅读感悟。可见，为孩子们搭台是每一个语文老师应该要做的事，因为先有舞台，后有名角。

读完《童年》，我跟孩子们商量：该用什么样的方式来展现自己的阅读成果呢？孩子们各抒己见：画思维导图，做手抄报，写读后感……我没有限制孩子们的方式，让他们各显神通。一周后，孩子们交了作品，他们的作品真的让我大开眼界：思维导图画得创意十足，且思路清晰；手抄报设计有鲜明的个性，且内容丰富；最让我佩服的是"文言王子"谭佳源同学写的文言文版的读后感，让人耳目一新，特摘录下来：

童年如诗。激以人之想象；童年如画，使其人之叫绝；童年如酒，使吾回味无穷。近日饱览《童年》一书，阿廖沙之童年令吾感慨万分。

阿廖沙之童年，真可谓痛苦与无助。外祖父欺压，其舅亦奸诈，促使阿廖沙生活在黑暗之中。其外祖母与此二人大不相同，其乃天使，在阿廖沙心中播以光明。另有多人陪之于他，即便如此，其童年仍为丑恶，相比吾之童年，可谓天壤之别。吾之童年如虹，其之童年如雾，令吾感受颇深。

阅其书，吾受授以阿廖沙童年之苦。其使吾领悟人生之理，生活之道。吾等应如阿廖沙，成以狂风不倒之松！

仅仅读一本书，孩子们因此而锻炼了口头表达能力，还增强了自信心，更重要的是，通过读书，孩子们走进了书中的世界，与书中的人物"对话"，并能采取多种形式汇报自己的读书感受，孩子们读出了童年的快乐，让我着实自豪了一番。以后的日子里，我要让学生去品味更多的书香，让学生的精神世界变得更加丰盈起来。

信守承诺后的孔雀舞

今天的阳光特别灿烂，起床后我把舞蹈服——孔雀服装入袋子里。我要在学生面前表演孔雀舞。想起这件事，我的嘴角竟然情不自禁地上扬，我得去教室信守我的承诺。

期末考试之前，班里的孩子们复习状态极好，我看着他们认真学习的样子，在班里说："你们的认真让老刘感动，对于这么认真的你们，该以什么样的字眼来回报你们呢？"孩子们异口同声地回答："全优！"孩子们何以对"全优"那么执着？源于我与孩子们的一次愉快的聊天。刚结束新课，我带领着孩子们紧锣密鼓地进行期末复习，我们知道，其实复习课并不好上，对于优生来说，没有什么问题，因为他们大部分知识已经掌握，但是他们也有烦恼，很多知识已经学会，学起来没有什么乐趣了；而对于后进生来说，没有掌握的知识肯定很多，如何让他们在复习中掌握已学的知识，除了老师的引领之外，还需要个人的努力，可这些孩子缺少的往往就是自主学习的能力，成绩的提升真的是个大问题。我开玩笑地对孩子们说："假如我们班所有孩子都能考到85分，老刘就跳孔雀舞给你们看。"孩子们听说老刘跳孔雀舞，顿时欢呼雀跃起来，班长带头大声喊："为看孔雀舞而努力奋斗！""奋斗！奋斗！"这声音地动山摇。我笑了笑："孔雀舞可以有，不过机会要靠你们自己争取哟。"

之后的日子里，班里的气氛悄然发生了变化。课间十分钟，总会有一对一的同学交头接耳，放学之后，也经常两个一对，三个一组。仔细询问，原来他们在班长的带领下，把班里的同学分成了若干个学习互助小组：成绩最优秀的十名学生，分别对应十个基础最差的；语文达不到 85 分的学生，根据回家的路线，安排同路的优生辅助；每人都要复习当天的内容，一对一相互检查过关。当知道他们的这种自觉行动的时候，我震惊了！这是一个老师才有的思维和行为呀，他们为了看老刘跳孔雀舞，尽然爆发出了那么大的创造力，实在是令人惊叹！

期末考试如期进行，批改试卷采取流水作业的方式，成绩真实性很强。结果出来了，我们班语文合格率 100%，优秀率 100%，人平 89.5。孩子们知道成绩后，欢呼雀跃，教室里沸腾起来："可以看老刘跳孔雀舞了！"我也特别兴奋，大声宣布："明天安排孔雀舞，大家敬请期待！"

当我穿上孔雀舞蹈服出现在教室里的时候，全班再次沸腾起来。说句心里话，我这只"老孔雀"也有点心虚，当音乐响起的时候，我硬着头皮上场，在音乐和孩子们有节奏的伴奏声中，翩翩起舞。我暗自庆幸，好在以前学的孔雀舞没有完全生疏，跳得有模有样。孩子们目不转睛，音乐停了，他们才报以最热烈的掌声。

老师的一次信守诺言，让诚信教育润物细无声地在师生的活动中开展，与此同时，"团结就是力量"这个简单而又朴实的道理，也在潜移默化中内化为学生的动力，这比起教师每天的苦口婆心、循规蹈矩地教育，效果要好得多，这应该就是教育的本真吧。

教完《在柏林》后的微小说

上《在柏林》非常顺利,孩子们初"识"小说,觉得这种题材很新奇,兴趣盎然地学完了课文。我刚想离开教室,就被班里同学称为"段教授"的段凯圆拦住了,他兴奋地对我说:"老刘,小说肯定还没有写完,我已经知道了后面的内容。"我非常诧异地看着她:"你说来听听。"她滔滔不绝地叙述:老兵把老妇人送进疯人院后,马上上了战场,战火纷飞,年迈的老兵奋力杀敌,在一次与敌人的冲杀中,倒在了血泊里,弥留之际,嘴里喃喃地数着"一、二、三"(这是老兵在弥留之际对在战争中去世的三个儿子的思念,也预示着他将与三个儿子在另一个没有战争的世界里团圆)。老兵牺牲的当夜,风雨交加,雷声轰鸣,夜空中传来几声不知名的鸟儿发出的凄厉叫声(环境描写是小说常用的方法,隐示老兵的去世,鸟儿仿佛知晓)。疯人院的老妇人平常从来不出房门,在风雨交加之夜,她像幽灵般走出房门,在走廊里来回走动,嘴里重复地数着"一、二、三、四"。老妇人的声音在夜空中显得有些微弱,疯人院里的护士却听得一清二楚,他们也不阻止她,"一二、三、四……"整个夜晚,这声音萦绕在疯人院(老妇人神志也许不清楚,但冥冥之中仿佛知道丈夫已经去世,这情节的设置,又把战争的残酷更推进了一步,学生的情节创新有了一定的深度)。第二天凌晨,风停了,雨住了,初升的太阳那么柔和而又充满生机。当早晨的第一缕阳光照进老妇人床头时，疯人院的护士看到了一张安详的脸，老妇人已经没了呼吸，平静的脸上，却洋溢着幸福的笑容，留有天使般的微笑（她已经与她的丈夫和三个儿子相聚在另一个国度，没有战争硝烟的国度，即使失去宝贵的生命也是幸福的）。于是，疯人院的护士走出老妇人的房间，嘴里一直喃喃："一、二、三、四、五……"

听完段凯圆的叙述，我真的震撼了，这个孩子真的是走进了小说的情节中，一口气就把后面的情节想象出来了，而且还有跌宕起伏的情节。

《在柏林》是六年级上册第四单元的一篇短篇小说。小说的情节简单，但跌宕起伏：在一列火车的车厢里，一位神志不清的老妇人在车厢里重复地数着"一、二、三"。两个姑娘多次嗤笑，一个老兵告诉小姑娘，老妇人是他的妻子，他们刚刚失去了三个儿子，现在老兵也要上战场了，在上战场之前先要把妻子送进疯人院。之后，车厢一片寂静。寥寥几行文字，把战争的残酷描写得淋漓尽致。

对于六年级的孩子来说，初学小说，对小说的特点才刚刚了解，就能创造性地续编这样有深度的小说情节，实属难能可贵，这让我惊异于学生的学习能力。可见，我们应该把每一篇课文的教落到实处，让学生在扎实的学中学方法，用方法，最终形成能力。当我们的语文课堂以培养学生的能力为最终目标时，学生的语文素养才能真正提高。

我对段凯圆同学给予了充分的肯定，准备离开教室了，史君琴同学马上追上我："老刘，段凯圆跟你说的内容，我很感兴趣，我想今晚写下来，明早交给您看。"说完蹦蹦跳跳地跑了，我有点惊愕：两个孩子怕是迷恋上小说了。第二天收到史君琴的文章后，我马上读给班里的孩子听，我们班就开起了微小说课，我的教学内容因为学生而改变了，可是，我却乐在其中。

附微小说：

车厢里一片寂静，静得可怕。

老兵下了火车后，把他的妻子送进了疯人医院，在他走时，妻子还在不断地数着："一、二、三……"老兵含着泪，奔向了战场。疯人医院的工作人员带着老兵的妻子进了疯人医院，在他们一只脚刚踏进门时，一位中年妇女跑了过来，抱着老兵的妻子大喊："儿子！你终于回来看我了！"原来，这位妇女和老兵的妻子一样，都承受着丧子之痛，她们因失去了儿子，而精神失常，神志不清。过了一会儿，疯人医院的工作人员又带着中年妇女和老兵的妻子上楼，在她们上楼时，看见了一位健壮的大汉正追着疯人医院的工作人员跑，原来，那位健壮的大汉曾经是一位战士，在一次打仗时，他在前面奋勇杀敌，却忽略了后面的敌人，结果被敌人用手榴弹炸伤了他的脑神经，导致他还认为自己在战场上杀敌，把疯人医院的工作人员当成敌人，追着他们跑。过后，她们又继续上楼，到了房间，那位中年妇女又奔向床上的枕头，紧紧地抱住，中年妇女非常想念儿子，所以无论她看到什么东西，都会以为是自己的儿子。老兵的妻子独自走出房间，一个人坐在走道的长椅上，仰望天空，却又不说话，她应该是想丈夫了。此时，她的丈夫正在战场上奋勇杀敌，直到晚上，敌人被他们打退了，但他们并没有走，因为他们知道，敌人不可能就这么善罢甘休。大家回到营地，年轻的小伙子搭起了帐篷，老兵很会做饭，做得也很好吃，他用最后的菜为大家做了一顿丰盛的晚餐。吃完后，一个年轻的小伙子说："我既然来了，就不打算活着回去，明天就是决一死战的时候了，咱们兵力不足，根本不是敌人的对手，只能碰碰运气了。"大家沉默了。很快到了第二天，新一场的战斗又开始了，他们用尽全身的力气攻击着敌人，但终究还是躲不过敌人的子弹，在那千钧一发的时刻，老兵为年轻的小伙子挡下了子弹，在他临死前，对那位年轻的小伙子说："如果你在这场战斗之后还活着，咳咳……那请你替我去看看我的妻子，咳咳……"小伙子含着泪，答应了老兵，老兵看着小伙子，安心地闭上了眼睛，英勇地牺牲了。几年之后，那位年轻的小伙子幸存下来，他按照老兵的遗愿去疯人医院看望他的妻子，却发现，老兵的妻子一直反复数着："一、二、三、四……"她的三个儿子和丈夫都牺牲了。

忽然，窗外顿时乌云密布，狂风怒吼，下起了倾盆大雨，天，渐渐黑了……

老刘今天是博涵的"学生"

下午放学的时候，我在校门口碰见邹博涵同学的妈妈，我们自然而然地聊起了孩子的学习，她说："孩子这个星期总是重复着一句话：'学起这个奥数就想吐，我不想再学奥数了。'作为家长，听了这话很担心，不知道该如何来引导他。博涵是个天资聪颖的男孩，数学学得非常不错，数学老师告诉我，这段时间她给这些数学成绩总是满分的孩子增加了一点难度，学了一些稍微难一点的奥数题，因为一般的基础知识已经满足不了这帮孩子的探索速度了。其他孩子适应很快，唯独博涵基础题都能拿满分，奥数题一出现，他就晕了，总是做不对，找不到这类题目的突破口，看到其他同学如鱼得水，他特别懊恼，自己怎么就不行呢。这对他的自信心予以毁灭性的打击，想放弃这类知识的学习。"了解具体情况后，我知道，他遇到了问题的瓶颈，除了教给他解题的方法外，最重要的是要解开他心中的结：在他心中，做这一类题目肯定是不行了，不如别人。找到了问题的症结所在，我心中有数了。我与博涵推心置腹，他告诉我："自信心遭到了重挫。"我没有急于给他说道理，只是给他讲了我学数学的故事："老刘读书的时候，最怕数学，每次数学考试，最后那道数学题目就是做不出来，以至于我到三完小工作的四五年里，梦到最后那道数学题都惊醒，老刘对语文很自信，对数学就没有自信，中考的时候勉强及格了。老刘今天想请你帮个忙，当你的学生，每天教我一道数学题，让我也感受一下学习数学的快乐！"博涵听说要他教我数学，他立马来了神，因为数学是他的强项，老刘的数学怎么那么差呢，教老刘当然轻而易举。我找到数学老师，要她每天给博涵出一道比较简单的奥数题，教会他方法，方便教我。随后的日子里，博涵利用课间十分钟教我做一道奥数题，我恭恭敬敬地听他分析做题的思路，有些我不懂的问题，我举手问他。他特别有耐心，在他不断"教诲"下，每次都能顺利地完成那道奥数题，有时候他举一反三拓一道题给我做。有时候，急得满头大汗，因为在数学方面确实不开窍，他总安慰我："老刘，没有关系，慢慢来，你一定能做出来。"他讲了好多回，我才明白，才做出来。我让数学老师用手机拍下他教我学数学的视频，发在家长群，家长们都为他点赞。半个月后，博涵同学有了飞速的进步，也越来越有兴趣钻研难题了，甚至超过了全班同学，成绩拿了第一。班里好多同学也跃跃欲试，想当老刘的"老师"，那段时间，我被数学包圆了。我的搭档——李老师打趣："感谢老刘帮我掀起了学数学的热潮，班上的数学成绩提高不少。"

其实，教育就要一次次地润物细无声。我们在学生面前，可以适当地，适时地示弱，不要总是高高在上。师生关系可以更融洽嘛！我的学生向来都叫我"老刘"，他们喜欢这样拉近师生之间的距离，他们向往都可以跟老刘交心，我也乐于走进他们的内心世界。就如这次与博涵同学互换角色，他一下子就接受了我，因为我们平常的亦师亦友状态，一次简单的角色交换，让一个孩子重拾学习数学的兴趣，还带动一大批学生走进数学的乐园，这就是教育的价值与意义所在。作为一线的语文老师，关注每一个孩子的成长，走进他们的内心世界，教给他们知识，引导他们形成正确的人生观与价值观，这正是我教书的初心。

幸福来得太突然

今天是个很平常的日子，一上完语文课，我就拿着语文教本匆匆地回到了办公室，当我坐下来休息的时候，身后跟来了大男孩——木木，他神秘地对我说："老刘，下午我要给你一个惊喜。"我没有太当一回事，小屁孩能给我多大的惊喜呢。

木木本名叫李木阳，"木木"是我对他的昵称。他个子高，体型肥胖，戴着一副散光眼镜，五年级第一个学期就159厘米了，体重110斤，由于肥胖，总是夹着大腿走路，像极了企鹅，同学们有意无意地学他。他总挪到我的跟前，委屈地说："老刘，他们又学我了。"每每，我会严厉地呵斥那些孩子，并就这件事在周一的主题班队活动课上，我开展以"尊重别人就是尊重自己"为主题的班会，引导学生去发现别人的闪光点，尊重别人的一言一行。是呀，只有尊重了别人，自己才会受到别人的尊重。从那以后，孩子们再也没有学木木走路了。

下午的第二节课如期而至，我刚走上讲台，木木就来到我身边，开心地说："老刘，我带来了百宝袋，送给您，希望您背上它。"我本想把袋子搁置一边，上了课再说，因为一回应，就要耽误十分钟左右，一节课的内容就上不完了。我犹豫了片刻，马上做出了回应，把他送给我的百宝袋斜挎在肩膀上，才得以仔细观察这个百宝袋：这是一个熊猫状的小袋子，很可爱，由一条拉链连接起来，里面可以装少量的东西，比如钥匙、手机、小零食之类的（价值五元）。我马上拉开拉链，里面掉出了棒棒糖、旺仔牛奶糖、麻辣豆腐块，最后是一盒治疗咽喉炎的含片。木木快乐地给我介绍："老刘上到最后一节课肯定会饿，您可以吃里面的小零食，课上多了喉咙会疼，我妈妈是医生，她说这个含片可以让喉咙很舒服。您每天挎着它，放心吃，我会经常在里面添加东西。"看着他真诚的眼神，无邪的笑容，我瞬间感动了：他把我全部装下了呀！小小年纪，多会观察：我什么时候会饿，课上多了喉咙会疼，这是一个五年级的孩子最朴实、最纯真的心，也是世间最美好的情感。于是，我把他送给我的百宝袋特别正式地斜挎在腰间，还要班里的同学给我留下一张照片，要木木也斜挎着包包来一张。木木特别满意，满足地回到他的座位，这一节课，他听得格外认真。

今天的我是幸福的，这样简单的幸福，也许别人不怎么觉得，但是对于我，它显得弥足珍贵，因为这是教育种下的种子，开花了，开的是感恩之花，我深深地明白：教育不需要急功近利，只需要给足养分与阳光，我们就能听到花开的声音。

深爱　投入　坚守　成就美好的语文人生
——读《轻轻悄悄教语文》有感

今年夏天独显特别，本是汗流浃背之时，却让连绵不断之夏雨，扰得略显心躁，感觉心都是潮湿的。然而，近日倾心读郴州市教科院黄小元主任所著的《轻轻悄悄教语文》后，顿觉有洗涤心灵之功效，如一眼清泉，滋润干涸的心田，如一抹花香，沁入浮躁的心扉。知性美丽的小元主任，扎根在语文课堂中，行走在语文教研路上，把自己的所教、所研、所悟浓缩于《轻轻悄悄教语文》中，读来让吾感慨颇多。

深爱　方能启航

有人说："爱"是世间最美好的字眼，温润如玉，暖若春风。深以为然。

走进小元主任的《轻轻悄悄教语文》，你会从她的字里行间读出"爱"的味道。从小得到的满满的爱，融入她的骨子里，让"爱"的根扎在了她的心田；父母毫无条件的宠爱，让她有了善良的本性，相信世间的美好；小学老师李秋凤的慈爱让她度过了一个快乐幸福的童年；初中老师刘建风的关爱让她拥有了人生关键三年的厚实底色；师范学校"黄妈妈"的博爱，让她拥有了作为一名未来老师的优秀品格……正是有了"爱"，正是以"爱"为出发点，才会有一个优秀的小学语文老师，才会有一个带领师生走向童话般世界的黄校长，才会有在教研路上披荆斩棘，留下硕果累累的小元主任，甚至才会有那个开始十指不沾春水，到后来却家务厨艺了得的小元姐。她把被接受的爱，转化为以自己的力量去施爱：爱她的家人，爱她的学生，爱她的学校，爱她的教师，爱她的语文教研，一路走来，有艰辛，但始终有"爱"陪伴。我时常想：当我们仅仅把教语文当作一种职业，当作一种谋生的手段，那语文教得就索然无味，因为"教育因爱而生，教育因爱而存，教育因爱而传！"对此我深有感触，教语文29载，爱延续了29载，在语文教学中，我不仅仅教知识，而是用爱融入自己的教学当中去，特别是对学困生这部分特殊群体，我倾注了更多的心思与关注：我从称呼的改变入手，他们叫我"老刘、刘老妈、刘妈咪……"称呼随着他们跟我亲近的度在不断变化，孩子们乐此不疲地变换着对我的称呼，他们感受到了自己的特权，我对他们的称呼也不再是冷冰冰的姓加名字，而是我跟家长沟通后他们在家里的小名。一个简单的称呼就拉近了教师与学生心与心的距离，让他们敞开心扉，我也就顺势了解了他们的"困"因，心就向学习的方向靠近了一步；我深究这些孩子们的学情，了解他们学习上到底有什么困难，把他们的学习情况列表分类整理，分层次地辅导他们。一是降低难度，让他们从最简单的一次生字听写、古诗默写入手，在学习实践中提高他们的满足感；二是逐渐提高要求，慢慢引导他们渐渐爱上语文。这个过程说起来简单，做起来颇难，教师要有足够的耐心与爱心日复一日地坚持。我在设计语文实践活动中，有意地设计一些以他们的能力可以达到的环节，增添他们的自信。就这样，这些"学困生"在爱的滋润下不再"困"。可见，爱是每一个语文教师生命的底色：爱自己的职业，爱自己所教的语文，爱每一个语文课堂上倾听的学生，甚至爱喜欢语文的自己！因此，我特别欣赏小元主任这种

有"爱"的味道的教，有"爱"的味道的研，因为，深爱，方能
起航。

投入　才有延伸

　　教育的路对于每个教育者似乎都一样长，到了法定年龄就要
退休。虽然生命是有长度的，但是每个人的投入是没有长度的，
当你把自己的身心都完全投入到你的事业当中，你会惊奇地发
现，你可以把自己生命长度延长，小元主任就是这样的人。从小
元主任的《教育随记》《教学思考》中我看到了一个用生命来教
书的老师。她的投入，从一堂课开始，从一种教育现象开始，从
一本书的阅读开始……如涓涓细流，在细微处发现教育的本真，
在探索中寻求教育的真谛，教书育人就该如此吧。我一直以为，
"投入"是做好一切事情的基础，我追求语文教学的人生就是不
断投入的人生。我会全身心地投入到指导学生海量阅读中，"快
乐读书吧"推荐的书，我会引导学生每天阅读，第二天早上进行
课前五分钟的阅读分享，每个孩子还有阅读分享等级，于是，孩
子每天的读书与分享成了他们必做的事情；一本书读到一半后，
我会根据书的内容设计"阅读推进课"，以此来鼓励孩子们继续
阅读此书的兴趣；当一本书看完后，我肯定会上"阅读分享课"，
让学生在老师的引导下分享读书的感受，形成读书的能力，汲取
书中向上的力量。除了"快乐读书吧"推荐的书目，我还会根据
所教课文的不同类型、不同题材进行"1+X"的群文阅读教学，
以一篇文章带出多篇文章。这样，学生的阅读量不断增加，词汇
量猛增。正因为我全身心的投入，学生也投入到了阅读的洪流
中，学生的阅读能力、分析能力、写作能力也随之水涨船高了。
我们发现，"投入"是对现有工作的延伸，只有投入才能心无旁
骛地教，才能扎根于语文教学这块沃土的最深处。

坚守　必定深邃

深入书中的语言文字，你会看到一个俊俏美丽的小姑娘，弹指一挥间就到了知天命的年纪，可是你却看不到她的丝毫颓废，在我们心中，她还是那个人见人爱，花见花开的女神，她可以把一条皱纹都写得那么栩栩如生，让人读着读着，嘴角就会上扬。何以如此？因为坚守。一直坚守在教育这块净土上耕耘，从未放弃，还会坚持不懈地提升自己，让自己永远比前一天优秀。作为教育人，坚守才能把事情做得最好，最精。对此，我情不自禁地想起了我坚守多年的语文实践活动的开展，有少数语文老师对语文实践活动的教学不太重视，因为语文实践活动涉及的内容多，有些活动还要到社会上真正实践才能达到效果。我却乐此不疲地不断探索语文实践活动的各种途径，让孩子们在语文实践活动中树立正确的三观，形成各种能力：开展"追寻我身边的榜样"实践活动，我带领学生走进中夏公园，参观他的故居，了解邓中夏的事迹，让学生明白我们的幸福生活来之不易；我让学生充当"小记者"，亲自采访莽山"蛇博士"陈远辉，宜章好人谢运良，大山卫士刘真茂……让学生近距离接触我们宜章的榜样，懂得平凡中是可以创造伟大的；我带领孩子们去采访学校、医院、公安局、茶场等各行各业的平凡榜样。采访结束后，我马上上综合实践活动汇报课，让学生在实践中出真知，悟真情；开展"走进诗歌殿堂"的语文实践活动，我通过课文的学习，让学生明白现代诗的特点以及写法，去收集自己最喜欢的现代诗，去创作自己的现代诗。创作成功后，我们马上进行了"诗歌朗诵大会"，分小组朗诵诗歌，个人朗诵自己创作的诗歌，全班朗诵《少年中国说》，学生就自然而然地沉浸在了诗歌的海洋中。活动结束后，我把孩子们的诗全部收集起来，编成一本诗集，孩子们有了人生第一本以自己为主角的诗集，他们欢呼雀跃。经过多年的坚守，我所教的学生都有明确的学习目标，三观端正，语文素养也比较高，这就是"坚守"带来的丰硕成果吧！

结合小元主任书中的内容，联系我的教学实践，我情不自禁地想起了厦门大学"网红教授"邹振东，他曾经说过："最好的老师，有三种：第一种是递锤子的人。你想钉钉子，老师把锤子递给你；第二种是变手指的人。你的人生需要很多黄金（金钱），老师把你的手指头变成能够点石成金、点铁成金的手指头；第三种是开窗子的人。"你以为你已经看到了风景的全部，老师为你打开另一扇窗，你豁然开朗，啊，原来还有另外一个世界。作为坚守在语文教学一线的语文教师，没有办法去创造惊天动地的壮举，但是可以用永恒的坚守去创造平凡教学中的艳阳天！我常常驻足于他的文字之间，我想成为邹振东教授所说的好老师，让我的学生因为遇见我，对语文爱不释手，因为有了我，觉得学习生涯是多么灿烂，更因为有了我，能在小学阶段把语文素养一步步提高！

湖南省培训中心主任黄佑生曾经说过："一事精致，便能动人，从一而终，就是深邃。"读完小元主任的《轻轻悄悄教语文》这本书，我觉得小元主任就是这句话的最美诠释者！而我，也将再次迎路而上。

静心阅读，必有所悟，
以悟促感，必有所为

——暑期读局长赠书有感

林语堂在《生活的艺术》中说道：读书没有合适的时间和地点。一个人有读书的心境时，随便什么时候都可以读书。暑假，教育局局长赠给我们的两本书——《学校管理的 500 个典型案例》《做一个有智慧的校长》成了我们的精神食粮。我没有很刻意地每天规定任务，在每个闲暇的午后，我会泡一杯茶，拿起书来细细拜读，也会在睡觉之前，翻阅某一个片段。这让我感觉到了读书的乐趣：把往日的浮躁除去，留下的是难得的清静，那轻轻的翻书声也成为美妙的音乐。我贪婪地吸收书中的知识，领悟着人生的道理，也许只有真正把书读进去了的人，才能有此等感受吧！这次阅读，我的感受颇多，也让我明白了：静心阅读，必有所悟，以悟促感，必有所为。

一、专心练就"第三只眼"

眼睛是用来看世界的，它以最直接的感官方式，传递着现实的信息和情感，为判断、选择、抉择和行动提供依据和资讯。书中阐述了什么是管理者的"第三只眼"，并详细地说明在各种情况下需要的"眼"：科学抉择，破解困难需要一双"亮眼"；团聚人才，知人善任需要一双"慧眼"；对待同事，关怀下属需要一双"佛眼"。我觉得，对于一个管理者来说，就该好好地练就"第三只眼"。

我是一个管德育的副校长，学校的德育工作是学校的中心工作，以德促教是明智的抉择，只有让学生思想得到了洗礼、树立了学习的目标、形成了良好的学习习惯，才会让学生觉得学习是一件有意义而快乐的事情，教育质量的提高就是理所当然的事情了。在德育的管理工作中，更需要一双"亮"眼，这双眼睛要具有准确的洞察力和深刻的透视力，要能够把学校的德育目标定准，看透每一条德育措施的实施会达到的目标，只有这样，我们的德育教育才会有的放矢地开展，学生的思想、行为才会向着良好的方向发展；我们还需要一双"慧眼"，古有慧眼识英雄之说，清代魏源说"不知人之所短，不知人之所长，不知人长中之短，不知人短中之长，则不可以用人，不可以为师"。我认为，一支得力的、高素质的班主任队伍是我开展一切德育活动的基础，什么样的老师适合当班主任，什么样的老师适合当低年级的班主任，什么样的老师适合当高年级的班主任，哪个班主任跟谁搭档时工作能力就能发挥到极致，这些都需要我们用"慧眼"去观察，还需要我们在工作时跟老师们融合在一块，不然，他们的所长、所短怎么看得出来？坐在办公室里是永远看不到整个校园的"斑斓"的，因而"慧眼"的练就需要体验，需要实践，更需要我们精心、静心地分析、思考，这样，所谓的"英雄"才会浮出水面，"英雄"才会有"用武之地"。这地，因为你而成为一块肥沃的"土地"，工作效率怎能不高呢？我们还得有双"佛眼"。作为管理者，必须要关怀下属，有一双慈悲仁善的"佛眼"，我们的"佛眼"里要有老师的喜怒哀乐，让老师们觉得这不仅仅是一个工作的集体，更是一个温暖的大家庭，我们都是家庭中不可缺少的一员，我们的"佛眼"要能容得进"沙子"。

二、潜心修炼沟通艺术

沟通是一门艺术。沟通就是信息分享、智力融合、责任分担、理解认同，沟通是交际的艺术。不管是在工作中还是生活中，沟通显得尤为重要。很多时候，因为没有沟通，让误解滋生、让矛盾升级，使得我们把很多事情办坏，把人情变淡。作为一个管理者，必须要潜心地修炼沟通这门艺术。我时常听到班主任老师埋怨工作累，工作复杂、难做，有时候还流露出很不想当班主任的心思。我觉得沟通就显得尤为重要了，当人的心里不顺畅的时候，是很难把工作做好的。我认为书中提到的"倾听式沟通"就特别实用了。沟通，先从倾听开始，听听他们的工作之累，到底体现在哪些方面？听听他们的工作之难，到底难在哪里？我记得有一个班主任总是发牢骚，说班主任工作不是人做的工作，太苦、太累、太杂，可是我感到非常奇怪，虽然她每次发牢骚，但是她在每个月的班级管理考核过程中总是拿第一名或者第二名，可见，她的班级管理工作并没有出问题。于是我找到她，当一个忠实的听众，倾听她发牢骚，听着听着，我就找到了她发牢骚的根源：原来她对电脑的运用有些不熟练，操作起来总是出问题。很多时候，班主任工作要用到电脑，要制作简单的PPT，这让她很恼火，而她性格要强，不愿意把自己弱势的一面展示给同事。找到了根源，事情就简单了，我找专门的电脑老师先教她一些简单的文档、PPT制作的方法，每次开展活动之前，又要电脑老师去具体地指导她，没出一个月，她都会了。从此，再也听不到她的牢骚声。我不敢想象，如果没有倾听她的一切，只是一味地从牢骚声听出她对工作的不满，认为她不热爱自己的工作，我真的抹杀了一个优秀的班主任。可见，倾听真的是一种尊重和关怀，也是一种胸襟和境界。学会倾听，不仅会赢得尊重、赢得民心，更会赢得支持、赢得发展！

三、静心学会终身思考

一个管理者，必须要思考，没有思考的人生是不完美的。没有思考的工作是没有创新的工作。就我所管理的德育工作来说吧，每天有一大堆的事情，从老师到学生，事无巨细，需要我们耐心地去梳理、安排。如果不思考、创造性地来管理这些工作，我们就会心力交瘁，工作效果也达不到，会成为一种错位管理。前几天，参加郴州市系统教育平安校园建设经验交流会，市教育局庾局长说的四个"丝毫不能"令我记忆深刻：安全意识丝毫不能松懈，隐患排查思考不能马虎，整改治微丝毫不能犹豫，责任追究丝毫不能放过。庾局长的意思就是：安全工作只有起点，没有终点。因此，我们要学会从起点开始奠基，从终点思考问题：先扎扎实实地从起点做起，天下大事必须做细，天下难事必须做易，点滴积累努力，才能达到理想的终点。有了这样的思想来指导我以后的工作，我的工作会有新的起点和终点，只因为我学会了思考。

读书能让人明理、长智。静心阅读是我们每个管理者应该培养的好习惯，让我们做一只蜜蜂吧，不停地从书中去吸取、去感悟，从而指导我们的行为，只有这样，我们才能有所为。

第 五 篇

师徒结对的故事

　　教师培养中，青年教师的培养至关重要。青年教师年轻、富有热情、有强烈的教育愿景，更愿意走近学生。每当遇见他们，我便会想起自己初为人师的情景：渴望成长，希望有人指点、想被大家认可。过去的时光和现在的位置让我对青年教师始终怀有一份责任，我希望自己走过的路对他们有一丁点儿帮助。同时，我也向他们认真学习新技能、积极交流新理念。从一个个青年教师成长的故事中，我才真正明白：相互学习、取长补短、彼此赋能，共同实现教育目标，这是一件多么美好的事情！

因"诗"结缘 因"语"同行
因"研"共长

——我与90后教师彭勇的教育故事

因"诗"结缘 源于热爱

2018年10月21日，宜章县信息技术与教育教学融合研讨活动如火如荼地进行。我上完古诗《凉州词》示范课后，随手拿起手机，一条微信好友申请映入眼帘，顿觉诧异。通过申请发现，是一位年轻男老师，没留给我片刻猜测的时间，一段文字出现在手机屏幕上。他对我这堂课赞叹不已，并产生了深刻共鸣。出于礼貌，我急忙回复了消息。令人意想不到的是，到了晚上8点，他又发来了一篇2000多字的观课心得。我不禁有些震撼，这位年轻老师听课如此认真，还能及时总结，实属难能可贵！之后，借助微信我们聊古诗词教学，聊古诗词对人的精神涵养作用，彼此都有种相见恨晚的感觉。一堂课，一首诗，两颗热爱古诗词的心发生碰撞，因"诗"结缘，我们成了忘年之交。彭勇老师于1994年出生，和我儿子一样的年纪。而我是一名70后，恰好与他母亲年龄相仿。于古诗词中遇见教学知音，何其有幸！

都说知音最易激发创作灵感。一周后，一个想法在我心中萌发——创建诗社，把一群喜欢古诗词的年轻教师聚在一起，共同走进古诗词的殿堂。我向彭勇老师提了这个想法，他非常赞同。"且把新火试新茶，诗酒趁年华"，我们的"诗酒年华社"应运而生。

诗社集结了一批热爱古诗词的青年教师，大家一起出谋划策，制作了富有特色的社徽。我们每天在诗词群中背诗，分享读诗的感悟，坚持抄诗，双休日出去采风，进行现场诗歌创作。此后的时光里，我们每天感受着古诗词的魅力，享受着古诗词带给我们的快乐。

因"语"同行　始于坚守

慢慢接触，我发现彭勇老师身上还有诸多特别之处。他酷爱读书，工作4年有余，居然写下了20多万字的教育随笔，我为之钦佩。在这个物欲横流、浮躁不安的时代，一个身高一米八的大男孩，有一颗如此宁静、向上的心，真是教育界的一股清流。当时全县正组建学科工作室，作为宜章县小学语文工作室主持人，我毫不犹豫地把他拉进了工作室，下定决心要让他成为小学语文教师队伍中的一束温暖、不刺眼的光。

彭勇老师就像一块和田玉原石，经过不断打磨，玉的本质便日益凸显。他责任心强、肯钻研、善思考、好读书，文学功底深厚、悟性极高。几年来，我精心指导他成长，为他搭建了很多平台，这些投入，在他身上都发挥了巨大作用。

2020年10月，全县送教下乡活动中，他代表宜章县教育局执教六年级难点课型《少年闰土》。课题是他自己选择的，他说："越是难上的课文，越有挑战的价值。"他把《少年闰土》送到了宜章的东部、西部、南部和城区四大片区。每次上课，他都有新的课堂生成。我当时承担的任务是主题讲座，以他的课例为蓝本，对全县小学语文教师作专业引领。这次活动，是我们首次合作。后来，他说《少年闰土》中使用同类文阅读的做法是听了《凉州词》一课之后才想到的。我感觉特别欣慰，一位年轻教师能从老教师的课中"悟"方法，还能在"悟"过之后，自己反复甄别、思考，最终选择适合自己的教学方法落实在教育教学工作中。学、研、用三位一体，这就是青年教师快速成长的法宝。

2021年5月，郴州市举行小学语文学科联片教研活动，研讨的内容是统编教材难点课型，我决定继续派他代表小学语文工作室参加活动。他欣然接受了任务，大胆地选择教《故宫博物院》这篇课文。这是六年级阅读策略单元的一篇非连续文本，又是小学阶段篇幅最长的一篇课文，不少人望而生畏。开始几次磨课，我明显感觉到他有些迷茫，在众多的建议中不知如何筛选，不知道哪些才是适合自己的。见此情景，我单独把他叫到办公室进行一对一指导，从课文的结构到上课的整体思路，甚至包括微课制作，我一一给出了意见。我耐心地教他在录课中如何捕捉镜头，如何让学生更出彩。如何录制高品质的课，听后，他那张因磨课而憔悴的脸也终于有了一丝丝微笑，他兴奋地说："感谢刘老师，你太专业了，我现在心里终于有底了。"从接到任务到展示，这堂课磨了8次之多，辗转3所学校，不断打磨，他能够融入大家的意见不断修改、完善。其实我感动的不仅是他的认真，更是他的用心与暖心。有一次培课，天突降大雨，暴雨如注，我狼狈地跑到了教室，衣服湿了大半，冷得直打哆嗦，没想到彭勇老师提前准备好了吹风机，这个举动让我心里特别温暖。那一刻，我们感觉就像一对母子，如此默契。后来，这堂课也得到了郴州市教科院小学语文教研员黄小元主任的高度认可。

彭勇老师专业成长进步飞快，在全县工作室的读书分享会中，他承担了教师阅读专题讲座任务；在县教育局"一对一"送教上门教研活动中，他开展了新课标主题讲座；最近，他又被聘为宜章县教师培训团队成员。近几年，他管理学校教研工作，一直忧心学校青年教师的成长。他在教学上有什么困惑都会和我交流，曾几次急切地向我请教经验。我管理学校教研工作有一些经验，便倾囊相授。他根据自己学校也做了很多尝试，并且取得了不错的成果。我与彭勇老师相识四年，这四年见证了他的成长：他从一名普通老师成长为学校校长助理，分管学校教研工作。更难能可贵的是，我看到了他对教育更加执着、更加坚守。不满 30 岁，他却在以自己的方式影响更多的老师。我们一老一少，两个痴迷于语文教学的人，因为对语文教学的常年坚守，逐渐等来花开灿烂之际。

因"研"共长　乐于奉献

我与彭勇老师这段相遇，可谓是"双向奔赴"。我热衷于帮助青年教师成长，他促使我不断地提升自己，激发我不断地在语文教育路上继续探索。我对教育始终有一份情怀、有一种热爱，虽然到了知天命的年纪，我依然相信自己还有很多想法需要实现。彭勇老师对教育有一种定力与坚守，不浮不躁，有先进的教育教学理念，渴望能够为教育做一些实事。作为一名从教 30 余载的教师，我想用人格魅力去影响、用专业知识去引领、用精神力量去感染像彭勇这样的青年教师。我们这批 70 后师范生，在三尺讲台上耕耘了几十年，总得有些东西让年轻教师去传承。如果我们能为他们的成长提供更多优质平台和细心的指导，就能更快地缩短青年教师成长周期。有了优秀的教师，何愁培养不出优秀的学生！老教师在辅导青年教师成长的过程中，更需要无私奉献精神。

对于青年教师来说，除了平台和指导，更重要的是坚持修炼自己的"内功"。现在，网络技术异常发达，获取资源的途径很多。但是无形中却助长了青年教师的惰性——不加选择复制照搬资源，而彭勇老师坚持阅读、善于学习，勤于思考、勇于展示，乐于钻研、敢于创新，并且能持之以恒。由此可见，教师的成长最终还是需要内因起作用的，需要自己慢慢积累与沉淀。久而久之，再也不需要外在的约束，逐渐唤醒教师成长的内驱力。如此，青年教师的成长必定能水到渠成了。

教书育人写华章　良师相伴酿芬芳
——我与名师刘诗兰的教育故事

　　每一次思维的碰撞，都像一缕阳光，照亮我的心，我在其中飞速成长。

——题记

撒下一粒种子

　　"我们学校新来了一位语文老师刘诗兰，教书特别厉害。"新学期一开学，就听同事们议论着。缘分就是这样妙不可言，老刘和我成了一个年级组的老师。老刘作为年级组新进的老师，按照惯例要上一节见面课，到现在我还深深地记得，她上的是湘教版第五册的《野花》一课，在老刘的课堂上，我看到了一个大气而睿智、充满激情的语文老师，腹有诗书气自华便是她真实的写照。老刘站在小小的三尺讲台上，是那么耀眼，那一刻，她便是我心中最亮的一颗星。后来，我作为年轻教师，参加学校的青年教师比武，记得当时我上的是三国演义当中的经典故事《空城计》，我拿着自己准备好的教案，进行试教，结果一塌糊涂。同事们也说，我温婉的气质，不太适合上这样的课。我忐忑地来到老刘的办公室，向她请教。她细心地向我讲述，我遇到的问题与疑惑，老刘解决的方法都能罗列好几种，尽管备课时，我进行了很多设想，但是她总是能另辟蹊径，以独特的视角，紧扣文眼，让我知道文中很多看似不起眼的地方，其实蕴含了很多学问，忍不住拍案叫绝。也许，这才是真正的语文老师吧。在老刘的指导下，我在学校的青年教师比武中，获得了第一名的好成绩，让我体会到了成功的喜悦。有了这一次的经验，我比之前有了更大的进步，人也变得更加自信。

她在我的心中，种下了一粒种子——"不断学习，充实自我"，将来有一天，我也能成为老刘这样在讲台上闪闪发光的人。

长出一棵嫩芽

2018 年，宜章县举行了一次口语交际教学比武，老刘推荐我代表学校参加比赛。第一次参加县级比武，上口语交际课的难度可不小，对我来说，这是一次很大的挑战，我从来没有上过这种类型的课，县里面也是第一次举行以口语交际为主题的教学比武。到底怎么上，只能摸着石头过河。幸好，一路都有老刘陪着我备课、磨课，让我对口语交际的认识更加深刻，思路也逐渐清晰。她从一个小小的知识点，到对学生所出现的问题进行预设，再到课件的准备，板书的设计，事无巨细，手把手地教我。是她告诉我要对着镜子进行练习，让语言更富有激情；是她提醒我要注意课堂的生成，应对学生的回答给予恰当的评价和引导；是她指点我当学生偏离问题时，怎样才能不留痕迹地引领学生回归；是她指点我怎样才能引导学生的回答更精彩；是她劝告我要多读书，才能在课堂上点亮孩子们的激情……功夫不负有心人，这节课在县赛中脱颖而出，代表宜章县到郴州市参加教学比武，获得了一等奖。通过这一次比赛，我收获了很多，积累了丰富的教学经验，学习到了很多优秀的教学方法，掌握了各种信息技术，如：制作 PPT、录制、剪辑视频、配音、加字幕等，为以后的信息技术 2.0 考核评优，打下了坚实的基础。不知不觉中，我的心中悄悄长出了一棵嫩芽——"努力实践，发展自我"。

摘下一颗果实

老刘总是鼓励我多听优秀老师的课，认真寻找自己的不足；多阅读，丰富自己的知识。老刘常说，教师丰富的词汇量，课堂的应变能力，是一个语文老师必备的素质。经过一段时间的学习和研讨，我的课语文味越来越浓郁。2019 年，学校推荐我参加"湖南省第一届中小学青年教师比武"。我代表学校参加小学语文组的竞赛，接到任务的时候非常焦虑，打电话向当时还在外地参加培训的老刘哭诉："平时参加教学比武，只需要准备好一节课就行，而如今短短两个礼拜不仅要准备 20 节课的教案和课件，还要进行试教，就是神仙也不可能完成任务。"接到我的电话以后，她耐心地安慰我，罗列出我的各项优势，鼓励我充满信心，帮助我理清思路。听了老刘的一番话，似乎有一种无形的力量，让我静下心来，开始认真准备。每天上午，我完成自己的教学任务，下午就进行试教、评课。在评课中，我把老师们提出的各种建议记录下来，晚上再静下心来仔细复盘当天上课所思所想，修改教案，再备好第二天要试教的课，周而复始，每天晚上要熬到十二点钟以后睡觉。身体虽然很疲惫，但是心里是快乐的，精神是饱满的。因为我是幸运的，遇到了问题和困惑，我都会打电话给老刘，老刘不管多忙，都会耐心指点我，一点也不吝啬自己的时间，帮助我解决各种"疑难杂症"，告诉我应该如何处理好课堂中遇到的突发情况，进行有效生成……老刘把教学技巧毫无保留地分享给我，是良师，亦是益友。在老刘的帮助下，我飞速成长。从片区初赛冲到县里复赛，均以第一名的成绩脱颖而出，在郴州市参加比赛，荣获一等奖，并获得"郴州市教学能手"称号。走上领奖台的那一刻，我想拥抱老刘，感谢她的一路陪伴，助我摘下了一颗"勇于创新，超越自我"的果实。

收获一份成长

在以后的工作中，我经常把自己在教学中遇到的实践瓶颈，向老刘请教。老刘也总能为我答疑解惑，有针对性地指出我的不足，帮助我提高课堂掌控能力，在课堂中创设有效的情境。在每一次与老刘的交流碰撞中，我都能获得教学感悟与思想火花，深受启发，这些都成为我成长路上，十分宝贵的无形的财富。我也从一名教学小白，成为一名县小学语文工作室的成员，我体会到了职业的魅力和工作成就感带来的快乐。2021 年应工作室的要求，以"快乐读书吧"为主题的系列的阅读推荐课、阅读推进课和阅读分享课，我引领示范的是阅读推荐课《十万个为什么》，得到了大家的一致好评。不知不觉中，我收获了一份成长，"谦虚好学，完善自我"，并体会到了职业的魅力和工作成就带来的幸福感。

燃起一份希望

现在想想，还十分感慨，老刘陪伴我的这几年，对我的影响实在太大了。随着教学经验的增加，我的眼前打开了一扇大门，真正地领略了教学之美，备课变得更容易了，课讲得更生动了。短短的几年，我迅速成长，成为一名共产党员，获得了各种荣誉称号："郴州市教学能手""宜章县优秀教师""宜章县骨干教师""信息技术 2.0 评审专家""小学语文工作室核心成员"，这一切都要感谢老刘对我的关心和帮扶，她是我的领路人、知心人。关于我们的故事还在继续，我坚信，在老刘的陪伴下，我的教育生涯一定会绽放更加绚丽的光彩。

（宜章县三完小：钟军情）

成长路上的那盏灯

从教至今，转眼间我已站上讲台六年时光。回望过去岁月的点点滴滴，我是幸运的。2016年毕业后我回到自己的母校工作，在我懵懂无知的时候遇到了语文教学道路上的那盏灯——刘诗兰老师。她引领着我从忐忑变为自信，从青涩变得成熟，她还像妈妈那样关心我，我总爱称呼她为"刘妈"。回顾自己走过的教学之路，我始终记得刘妈对我的指引和帮助。

一、以爱育人，润物无声

苏霍姆林斯基说过："没有爱就没有教育。"刚走上三尺讲台的我，是无法理解这句话的。2016年9月，我在宜章三完小担任了一年级138班的班主任及语文老师。低年级班主任的工作是细碎而忙碌的，刚开始面对一年级的学生我有些手忙脚乱，这项工作对我来说是一个极大的挑战。刘妈好像看出了我的困惑，经常找我去她办公室谈心。刚开始我还有点紧张，但是刘妈每次都面带笑容地解答我在工作中的所有疑惑，还与我分享如何当好班主任、培养学生阅读习惯的方法和小趣事。她曾经说："只要你发自内心地爱孩子，爱语文，你就能给他们温暖和鼓舞，能点燃他们积极向上的心。"在她的鼓励和指点下，我下定决心，不管如何辛苦，我也要将班主任工作做好。

用爱培养孩子们的良好习惯。教育不能只靠语言，必须有情感的投入。为了培养学生良好的学习习惯、卫生习惯和行为习惯，从坐直到站立，从保持正确的读写姿势到爱惜学习用品，为了管理好班级各项事务，我精心编写了许多实用、朗朗上口的小口令。孩子们一听到口令就能安静下来完成各项要求。下课后，我还经常找孩子们聊天，陪他们玩游戏，学生们感受到了我的爱，越来越喜欢我。经过一段时间的努力，班里的孩子逐步养成了良好的学习习惯。在开学第一个月的公开课上，我们班学生的纪律和好习惯就得到了听课老师的一致好评。

用爱增强班级凝聚力。一个好的班级一定是学生积极向上，全面发展的。为了增强班级荣誉感，我带领学生积极参加学校各种活动。2017年元旦来临之际，我和陈艳华老师组织学生在操场上举行了一场迎新欢庆会。活动中，我培训一年级的学生当活动主持人，并要求每个学生准备一个拿手的节目表演。全班学生齐唱校歌后，孩子们纷纷大胆地表演节目：背古诗、唱歌、跳舞、讲故事……令我记忆犹新的是一个会变魔术的孩子，他跟爸爸足足学了一个星期的扑克牌魔术，新奇有趣的魔术赢得了所有人的掌声。

那时的我，每天都不怕加班不怕辛苦，利用早读课前和放学后的时间，我组织学生们排练艺术节节目，陪孩子们练习接力赛跑。孩子们从不觉得累，还经常关心我。最后，在运动会和艺术节活动中我们班都取得了非常不错的成绩。在刘妈的关注和自己的努力下，我逐渐驾驭了班主任工作，从中找到了教师这份工作带给我的成就感与幸福感，我深深地爱上了教师这份工作。

二、研出精彩，磨出成长

（一）在实践中找到自信

"一次尝试就有一次收获，不断尝试就能快速成长。"回顾自己6年的语文教学时光，我在三完小工作这一年是成长得最快的，这一年在"刘妈妈"的鼓励和指导下，我先后参加了5次公开课展示活动。从校内公开课到送教下乡活动，从县国培计划的展示课到全校顶岗教师教学比武，最后还参加了对我来说难度最大的县青年教师教学比武。为了上好这5堂公开课，"刘妈妈"带领年级组的老师不厌其烦地听课，磨课。那些日子的确很辛苦，我为自己的成功兴奋得失眠过，也因课堂发挥失常而一个人在台下抹眼泪。

第一次在自己班上公开课《g k h》，我有点兴奋，凭着充满激情的教态和朴实的教学设计获得了老师们的好评。课后刘妈就找到我，让我准备一节拼音课去参加送教下乡的活动，听到这个消息，刚开始，我满口拒绝。但刘妈笑着说："乖仔，不怕。自信的女老师是最美的，你要相信自己。我和同年级的老师都会帮你磨课，这是一个特别好的机会哟！"听完这话，刚毕业的我心动了。可是，从没见过大场面的我，哪知道一节好课需要反复推敲和打磨，大到环节是否流畅，小到一个句子说出来的语气，都得思考再三。初期的我依然云里雾里，不知所以。我根本不清楚课堂上我想要什么，我认为只要我教，学生就学，脱口而出的语言也很平淡，更别说是否关注学生习得到了什么。

第一次试教以失败告终，我心情非常沮丧，内心充满了挫败感。刘妈妈却没有批评我，而是安慰我已经知道了这节课的重难点。那天下午，刘妈妈组织几个有经验的优秀教师帮我加班加点捋顺教案思路，修改PPT。那晚大家回去的时候都快10点了，我问自己：老师们牺牲休息时间为我磨课，我凭什么不全力以赴把课上好呢？

那段时间，完成教学任务后，还要试教、评课，回家备完课，还要继续修改公开课的教案。我感觉自己的脑子像一个高速运转的机器，从白天到深夜，从输入到输出。我曾无数次处在崩溃边缘，但功夫不负有心人，在大家共同努力下，在黄沙送教时，上课比平时还要精彩。那是我第一次接触陌生的学生，我特别兴奋！孩子们可爱的笑容，认真回答问题的样子我至今记忆犹新。那节课结束，我竟然有种酣畅淋漓之感，原来上课是一件这么有意思的事情！因我表现出色，学校推荐我参加县"国培计划"送教下乡公开课活动。我带领着自己班的孩子又上了一次《ai ei ui》，沉浸在课堂中的我，一定想不到这节课会成为我教育生涯中最闪耀的一颗星。2016 年底，在全校教师大会上我得知由我执教的《ai ei ui》一课获得"一师一优课　一课一名师"国家级优课，听到这个消息的我简直难以置信！我激动地找到刘妈妈分享我内心的自豪与喜悦。是她，让一个刚毕业的 20 岁小姑娘获得了如此卓越的成就。

（二）在比赛中学会谦虚

对于青年教师而言，磨一堂公开课无疑是煎熬的，那么，参加一次教学竞赛就一定会让自己的综合能力得到质的提升。

通过一学期的磨炼与学习，2016 年 12 月我在学校举行的实习生与顶岗教师比武活动中获得了一等奖。短暂的寒假过去后，刘妈妈又想让我参加高年级的阅读教学比武。有了前几次成功的经验，听到要参赛的消息我二话不说就答应了。刘妈妈这次摸着我的头说："兰兰，虽然你取得了一些不错的成绩，但是低年级和高年级的阅读教学是截然不同的。这次也许会比上次更辛苦，压力更大，希望你能全力以赴。"我心中激起一股暖流，深深地感受到了刘妈妈对我的信任与关爱。

从未上过高年级的我，选择了一篇有关母爱的文章，第一次试教惨不忍睹。老师们评课时，刘妈妈正在我的教案上写东西。我愣愣地听着大家的意见，心中犹如压着千斤重担！大家畅所欲言后，我看到桌上的教案稿被刘妈妈用红笔改得满满的，从教学环节到每一句过渡语，都有改动。她说："这堂课几乎要全部改动，你听了大家的意见再结合我写的批注，静下心来重写一次教案交给我，下次试教时间另定。"

回到家修改教案，写到绞尽脑汁都词穷的时候，我不禁感叹：刘妈妈听完课就能写下那么多精妙的过渡语，她真是我的偶像！我像挤牙膏一样把教案完善，后几次试教终于有了较大的进步。经过两个多星期的打磨，我迎来了人生第一次大赛。前十五分钟我还面带微笑地上课，但是上着上着却没几个学生回答我的问题，我反复提问也没什么人举手，我顿时慌了神，居然忘记了一个重要的教学环节。

那一会儿，我彻底害怕了。我知道这一次比赛还没有平时上的好呢，我一定拿不到好成绩了，真丢脸！结果如我所料，后面的教师都比我上得好，我拿了个二等奖。最令我难过的不是比赛没有取得好名次，而是我在台上没有处理好新的课堂生成与细节，还把重要的环节遗忘了，这是比赛中的最低级的错误。想着想着泪水湿润了我的双眼，想起为我辛苦磨课的刘妈妈和老师们，我难过得不敢哭出声，怕面对师傅们，怕别人看不起我。

这段经历令我难以忘怀。那天，最后一个环节是评课，刘妈妈在台上说的一段话我至今记得："虽然这节课有小小的缺憾，但是兰老师在这次磨课中的付出和成长是我们有目共睹的。相信她只要继续学习和钻研，一定会成为我们宜章教育界一颗冉冉升起的新星。"当时我沉浸在失败的悲痛中，连这些鼓励的话听上去都觉得刺耳。静下心来后，我才明白那些话的深意。

一个人不可能总是成功的，成功并不是人生的常态，失败往往会让你变得更谦虚和努力。这些失败和成功的经历，同样是我教育生涯中熠熠闪光的一部分。人生最大的遗憾不是尝试过却失败了，而是自己从来没有努力过！那一年，我忙碌着、收获着，欢喜过、悲伤过，在刘妈妈的指导和帮助下，体会到了当老师的乐趣，找到了站上讲台的自信，明白了谦虚学习的重要性。

三、名师领航，研路生花

高山仰止，方知才疏，三人同行，觉左右为师。一个青年老师想迅速成长，就要与优秀的老师们为伍。刘妈妈为了引领全县语文教师成长，组织了一群优秀的教师成立了名师工作室，我们隔三岔五就能看到微信公众号上有各种实用的教学资源。为了提升自我教研能力，休完产假，我就争取加入了宜章县小语工作室，与老师们一起参与各种教研活动。听了专家们的现场展示课，让我惊叹于专家们的实干！每一个专家都是直击教学中的痛点，抓住一个问题，从理论到实践进行细致的剖析，帮助我们解开疑惑。与专家们一起磨课，能提升课堂教学质量，促进学生们的成长。

"纸上得来终觉浅，绝知此事要躬行。"所有的理论只有在行动中才能体现价值，我积极参与基础教育精品课的磨课和录制活动。研课团队利用国庆节休息的时间为我磨课：一次次地听评课，一遍遍地修改教案，他们不遗余力地指导，帮助我。这一次，我特别珍惜上课的机会。临近录像的一周，每天背教案到夜里十二点，一次就成功录制的微课，获得了省级优课的荣誉。追逐名师，靠近名师，成为名师。我有了一个非常好的学习平台，正是前辈们对教研纯粹的热爱与无私奉献的帮助，让我变得爱学习和善反思了。

回顾我这六年的成长，我最想感谢一个人——刘诗兰老师。她，就像激情的火把，燃起了我对语文教育的爱，指引我前进的方向；她就像一轮暖阳，温暖着我渴望成长的心；她就像一盏明亮的灯，指引着我走向正确的道路。我会继续以她为榜样，追光前行，踏实工作，潜心教研。

（宜章县玉溪镇城南小学：兰晨曦）

追光而遇　沐光而行

——我与刘诗兰老师的教育故事

耿耿园丁意，拳拳育人心。

身于幽谷处，孕育兰花馨。

惊风飘白日，光景西驰流。

时光如轻烟，转眼间，我与刘诗兰老师已经结识近五年了。我依稀记得初识的场景：那是 2018 年，年关将至的一个阳光甚好的冬日，刘诗兰一行来到我天塘的老家游玩，恰巧偶遇了我和爱人。"她就是我们的刘诗兰老师。"爱人的话让我不禁关注起她来：时髦的穿着，爽朗的笑声，轻切的问候，让人如沐春风，这便是我对刘老师的最初印象。在这之前，爱人曾多次向我提起过她，她是如何抓教学和管理的，如何对孕晚期的爱人关照，如何教年轻老师与家长沟通，凡此种种，有幸初识，虽一面之缘，却有如此之慨。

后面的几年里，其实并没有什么交集，只是经常在小学语文教研活动中聆听到她的讲座，观摩她的示范课。人生有三大幸运：上学时遇到一位好老师，工作时遇到一位好师傅，成家时遇到一个好伴侣。我有幸在 2021 年遇到了第二大幸运——加入了小学语文工作室，与刘诗兰老师结缘共事。

追随光——以德而耕，收获山河

雄关漫道真如铁，而今迈步从头越。

刚加入工作室，我便承担了一次习作示范课的任务。在设计课、研讨课、打磨课的过程中，我与刘老师慢慢熟络起来。

我也渐渐知道了，教育于她而言，是一场温柔与爱的坚持，尺寸讲坛，一方办公桌，便是她守候桃李花开的空间。她用小小的光，引领学生前行；用纤弱的力量，让学生变得坚强；用高度的责任心，赢得家长的信任；用丰富的经验，引导年轻教师的成长。她如同一盏灯不仅点亮了学生的成长，又好似一把伞护佑着后辈们一路前行。正所谓"亲其师，信其道"进而"乐其道"，在刘老师身上，我看到的是迎着星光来，伴着华灯走，是严师，更是慈母。她所在的前方，是光照进来的地方，有了这光芒的指引，我定当初心犹健，使命弥坚。

受刘校长的影响，有了她的专业指导，我在小学语文教学上逐渐有了自己的特色和建树，工作室的工作也渐入佳境，承担着越来越多的重要任务。

向前进——吸收光芒，向下扎根

千锤百炼始成钢，玉汝于成终有时。

次年，我再次接到了习作示范课的任务——习作讲评课，这是大部分语文老师在习作教学中最容易被忽视，也最拿捏不准的课型，于我而言，更是一个全新的领域及挑战。接到任务后，刘老师给我鼓励加油，消除了我心中的畏难心理；她与我一同精心选择课题，进行教学设计，把握方向；磨课中，我们反复修改打磨。那段时间，我俩时常为了一个好的想法聊到深夜。第二天早晨爬起床，一打开手机，见到的便是她发来的、尚未读的消息，铺满了屏幕。

正是她的这种耐心与敬业，让我也不敢有丝毫的懈怠；正是她倾尽所有的付出，让我吸收了如此之多的阳光与雨露，让我拥有了足够多的成长养分，我的根才能深深地往下扎。

迎风开——如泽如炬，虽微致远

追风赶月莫停留，平芜尽处是春山。

今年，我有幸成为一名教师培训者，在担任"备课、上课、听课、评课"教师基本功过关培训现场指导专家的角色中，刘老师再次给予了我诸多的帮助与肯定。她要求我，要从观念上进行转变，时刻要提醒自己，不再是一名普通的教师，而是一名教师培训师，应该把更多的底气与自信展示给众人；她鞭策我，在评课时一定要有自己独到的见解，评课过程中，最好做成PPT，做到心中有提纲，脱稿点评；她还祝贺我，勇敢且圆满地完成了任务，迈出了角色转变的第一步，虽微但致远。

向着风，拥抱彩虹，勇敢地向前走，黎明的那道光，会越过黑暗，打破一切恐惧，我能找到答案。刘老师，这束光，驱散了我心中的黑暗，让我在前行之路上不再孤单。

星海横流，岁月成碑。讲台虽小，能载千秋伟业；烛光虽微，亦照万里山河。我与刘诗兰老师的教育故事只是千千万万教育者的故事中的一滴水、一粒沙、一抔土，在属于我们自己的方寸之地，以独运的匠心为新时代的教育事业刻字绣花。与大雁齐飞，目之所及皆是广袤天空，故心之所向，无问西东，理想在彼岸，我们将继续风雨兼程、一往无前，洒下耕耘的汗水，当群星闪烁之时，必将绽放耀眼的光芒。

（宜章县进修附小教师：谭江平）

第六篇

下水作文及其他

老师的人格魅力，不外乎树一根标杆，让学生们向"我"看齐，便有了下水作文（根据学生作文的命题或要求亲自动笔写成并用于指导学生的文章，也就是老师写的范文）一说。把作文晒出来，需要足够的勇气和智慧，一脚踩进去，就知道水的深浅了。常听到老师嚷："难！"难就难在永葆一颗童心，行文的时候，不能太成熟，童心童真童趣跃然纸上，小屁股才会趋之若鹜，你才有成就感，才有心花的绽放，一瓣又一瓣，凝成娃们耀眼的惊呼。育心的有效途径是用你的文章打动小读者，哪怕只有三言两语，如诗，便有厚重的诗教作用，教化功能使然。

我最喜欢的汉字——赢

汉字是我国的瑰宝，每个汉字都有着特殊的含义。从一年级到现在，我们已经学了两千多个汉字了，它们就像一个个小精灵，储存在我的脑海里，有了这些汉字陪着我，我会写作文，会读更多书了。但是，在众多的汉字中，我最喜欢"赢"字。

当我第一次看到"赢"字的时候，我甚至很讨厌它，因为它不仅很难记，而且笔画也很多，但是，当我真正了解这个字的含义以后，就深深地爱上了它。"赢"字是由"亡、口、月、贝、凡"五个部分组成，"亡"代表危机意识，就是人在安全的时候，要想到后面还有危险。"口"代表沟通能力，一个人要有口才，一个不会说话的人，就算满肚子的知识，你说不出口，这些知识就会在肚子里烂掉。比如：你上课的时候，你已经想好了答案，可你就是不举手发言，那这些答案也会在你的脑子里烂掉。老刘总会鼓励我们上课要多发言，以前我不爱举手发言，现在也会举手发言了。"月"代表时间，一寸光阴一寸金，寸金难买寸光阴，这句话让我们珍惜时间，俗话说："少壮不努力，老大徒伤悲。"意思是：年轻的时候就应该努力读书，不断地学习知识，不然，老了，没学到知识，后悔就来不及了。我平常在家里也很珍惜时间，利用别人在玩的时候，我就会看看书，写写字。有一些人，很珍惜时间，因为他们懂得时间很珍贵，而有一些人，总是浪费时间，因为他们以为时间有很多，今天不写作业，明天可以写。所以说，我们要珍惜时间。"贝"代表取财有道。钱财是我们生活的必需品，要想得到它，要光明正大地获取，要用自己的努力、劳动来获取，而不是偷、抢。

"凡"代表每个人要有一个平凡的心，意思就是要有一颗平常的心，我不由得想到了一个故事，故事的题目是《塞翁失马，焉知非福》，讲的是：从前有一个住在边塞的老头，他养了很多匹马。有一天，他家的一匹马走了，邻居就来安慰他，但老头还很高兴地说："这有什么关系，走了还会带来好运!"邻居们感到很奇怪，他们想：马丢了，怎么会是一件好事呢? 过了几天，这匹丢失的马又回来了，而且还带了好几匹马回来。邻居见了，来到老头家，对他表示祝贺，可老头却不高兴地说："哎! 带马回来真是一件不好的事!"邻居们又一次感叹! 过了不久，老头的儿子因为想骑马玩玩，马一下子把他甩到地上，老头的儿子就把一条腿摔断了，邻居们又来安慰老头，老头却说："腿摔断了，或许是一件好事。"后来，打仗了，一些小伙子都被抓去当兵打仗，由于老头的儿子失去了一条腿，不能去打仗，老头的儿子也因此保住了性命。

一个"赢"字，由以上五个部分组成。可见，一个人想成为人生的赢家，必须有危机意识，极好的口才，珍惜时间的意识，丰厚财力，平常的心态。一个简单的汉字竟然蕴藏着这么丰富深刻的道理，真令人叹服。

这就是幸福

人的一生中，每一刻都是宝贵的，每一刻的感受都是独一无二的，无论惊慌、高兴、害怕、悲伤，都值得我们去细细回味。它犹如万花筒，五彩斑斓，每次回看都记忆犹新。烦恼如落叶，幸福似秋风，幸福终将吹走烦恼。若在低谷期，有那么几句对他人来说微不足道的鼓励的话，这便是幸福。

　　六年时光悄然而逝，蓦然回首，一座座艰险的山峰，一段段崎岖不平的道路都已留下了我凌乱不齐的足迹。一路披荆斩棘，终于要毕业了，难免会有不舍。现如今，老刘教我们有四个年头了，老李也有两年了，这二位严师将在今年帮助我们顺利毕业，我不禁忆起往事。小学六年，像个瓶子，一年级在瓶底，中年级在瓶顶，高年级在瓶颈，一年级时我还算成绩优异，中年级时，我成绩平平，高年级时，我努力冲刺。在我的印象中，四年级可谓是我小学的转折点，在这一年里，我经历了小学时光的"大落"，幸亏没有一直跌下去。四年级，一次期末考试"大落"的兆头出现了！我的英语成绩"光荣"地获得了87分，我被与我同行的同学狠狠压了下去，对于从来没考过80多分的我，这无疑是非常沉重的打击。我一个在外面补英语的，被一个不补的比了下去，我失落，家人也失望。我只好给予他们新的希望——再三保证下次英语一定不考这么差。"车到山头自有路，船到桥头自然直。"就这样，我度过了一个不太愉快的假期。又一个新学期，我糊里糊涂地到了期中。这次，英语达标了，数学，却重蹈覆辙，再次"荣得"87分，我被批评了一顿。那时，单位换算无论如何我都难以搞懂，为此，我做了一大堆试卷。又是一年期末至，我自信满满地考完试，对着老师发到家长群的答案，我以为应该有90多分，令我没想到的是，我又"碰壁"了，而且比上一次还差，具体我也记不太清楚了。我临近绝望，好在，家人鼓励，老师辅导，我眼中再次有了光。五年级，我状态回归，终于不负众望，考了97分。我想，这鼓励与辅导便是幸福吧。

　　我十分感谢低谷时期身边的人所做的一切，他们无时无刻不在激励着我，马上小升初，我将继续到努力，到时，真正的幸福终将迎来。

关爱无处不在

关爱是一把大伞，为我们遮风挡雨；关爱是一盏明灯，照亮我们前进的道路；关爱是一根拐杖，使我们在前进的道路上不跌倒。每每看到"关爱"这两个字，我的心中就有一股暖流在涌动，因为在我成长的过程中，得到过无数的关爱，关爱真是无处不在。

家人的关爱如影随形，让我感受到了家的温暖。

每天早上，妈妈很早就起床给我做早餐了，让我每天都可以吃到香喷喷的营养早餐，让我可以在上课的时候精神饱满。我每天去上学的时候，妈妈也会在我的身后不停地提醒我："过马路的时候要小心，上课不要开小差……"每当我听到这些话的时候，我的心中就会觉得非常温暖，而在这一瞬间，我也会把这些话记在心里，让我在上学的路上有安全感，这莫非就是"关爱"？是的，这是一种让人觉得温暖的关爱。

有一次考完试后，因成绩下降，回到家我就遭到了爸爸严厉的批评，但受到了妈妈温柔的鼓励。爸爸的关爱虽然与众不同，但也让我有了巨大的变化：我更努力学习了，成绩也提高了。

还有一次，爷爷奶奶一起去公园玩的时候，我在玩溜冰，溜着溜着，"哎呀！好痛呀！"我被一块石头绊倒了，鲜血流了出来，因为我从小就很怕看到血，便坐在地上大哭起来。爷爷奶奶看见了，连忙从地上把我扶起来，亲切地对我说："好了，没事了，别哭了，一会儿就不痛了，来，我帮你擦擦。"说完奶奶从口袋里拿出一张纸，轻轻地擦干了我膝盖上的血，我停止了哭泣，觉得心中暖暖的，伤口也不痛，这就是那种关心的爱吧，真是太伟大了！

老师的关爱伴我左右，让我在知识的海洋畅游。

每天早上当我开开心心地走进教室的时候，发现老师已经站在讲台上给我们带读了，我想：老师，您来得真早，您每天这么早来给我们带读，很辛苦吧！我这样感谢老师。当我们下课后，老师把我们昨天晚上的作业拿到办公室去批改了，而我们却还在休息，上另一节课时老师还要备课，当我去老师办公室送作业的时候，发现老师驼着背低着头给我们批改作业，而在这时，我又想起了一句话："老师，您也太辛苦了，要不休息一下！"我也很想给老师捶背，可又怕打扰她，只好默默地感谢她。

有一次，我的作业没写完，老师用严厉的目光盯着我，好像有一把刀插进了我心里面，我很难受，可过了一会儿，老师又走到我的身边，和蔼可亲地对我说："不要难过了，老师希望你下次努力一些，好吗？"我点了点头，宛如有一束温暖的阳光照着我，原来，这就是老师的关爱，这是一种鼓励我的关爱。

陌生人的关爱随处可见，使我们感受到世间的美好。

有一次上学，因为时间很紧，我只好坐公交车去上学，不一会儿公交车开来了，车上挤满了人，我好不容易才上了车，车上没有了座位，我只好找了一个地方站着，有一个阿姨站了起来对我说："小朋友，你坐我的位置吧！"我一阵感动，说："谢谢阿姨！"我觉得这是一种无声的爱。

在无数关爱中成长的我，深深地感受到，得到他人的关爱是一种幸福。在我得到幸福的同时，我也要去学会关爱他人，因为关爱他人是一种美德，让我们每一个人都奉献出一份关爱吧，我相信，世界一定会因我们付出的爱而异常美丽。

成功在于尝试

有人说，生活的意义在于选择；有人说，生活的意义在于坚持；也有的人说，生活的意义在于充实；而我却要说，生活的意义在于尝试。如果我们连尝试的勇气都没有，那成功的大门是永远不会向我们敞开的。

在我们 131 班，有一种荣誉，他是何物？此物乃"博士"，何为"博士"？"博士"就是可以帮别人听写，自己也要写的人，能成为"博士"是我们班十分高尚的荣誉。我就是一名"博士"，但我还在"英雄榜"之外时，我就立志要成为我们班的"博士"，可那时我的记忆力不高，总是记不住生字。但是我明白"世上无难事，只怕有心人"的道理，所以我一直探索，终于探索出了"绕口令记忆法"，将众多生字联想成绕口令，再将绕口令记下来，问题就迎刃而解了。在一次听写中，我毅然举起了手，通过一番"唇枪舌剑"，"英雄榜"上也出现了我的名字，以后，我频频举手，还在家长会上领了"聘书"，我把它放在了玻璃柜里，当作珍品。因为它是我尝试后的"勋章"，我明白了，原来尝试可以将想象变成现实，将不可能变成成功。就如爱迪生发明电灯，他尝试过无数次，失败过无数次，但他不为所动，不畏失败，终于成功发明了电灯。所以，成功在于尝试。

汉武帝时期，有一位县令，叫钟离意。当时县里爆发了大瘟疫，几天就死亡了一万多人，钟离意看到百姓生活在水深火热之中，长叹一声："百姓有难，我却无能为力，我不配当县令。"于是，他召集了县里所有的名医，下定决心，一定要战胜瘟疫。他们聚在一间屋子里，废寝忘食地商议和寻找治疗瘟疫的方法。在制作出第一种药时，钟离意毅然站出来，不顾危险，以身试药。医生制作了多少种药，他就试了多少次。终于，解药研制出来了，钟离意立即下令大批量生产解药，县里的百姓都得救了，人们又过上了安居乐业的生活。

这个故事中舍己为人的钟离意经过了多次尝试，终于把解药配制出来的故事，证实了只要有勇气去尝试，就可能出现奇迹，钟离意这种敢于尝试的勇气是多么可贵，因为他的勇气与尝试，全县的百姓才可以得救。可见，尝试是多么重要。

尝试是最惊艳的试金石，当我们不怕失败，不怕受伤，勇敢地去尝试做一切事情之后，我们就能品尝到成功的滋味，愿尝试永远是我成长道路上的宝藏。

心花集

1

给我一枚长钉，我就能够把太阳挂在校园里。

校园里的太阳点燃淘气点燃笑靥，也点燃男孩子女孩子的智慧。

2

太阳下岗了，信念上山。

娘说，有阳光的地方就没有黑暗。

在坎坷的求学路上蹒跚，常常摔得鼻青脸肿。

只要那轮信念不下岗，挫折也能开出花的艳丽。

3

心灵的天空偶尔也会袭来一缕青云。

铺天盖地而来的误会压得喘不过气来的夜晚，我的秋千在雄鸡的喉咙里。

读书苦哟，读书甜。

寻寻觅觅的，不正是舌尖上那一泓甘泉？

4

打着灯笼朗照人生。

撑一伞雨雪，撑一伞阳光。

越过沙漠，跨过草原。

甘草苦哩，黄连好甜！

小伙伴嚷：那正是缘。

5

ABC 躲起来了，任公式、定理、法则搜寻。

班长喊，别让淘气溜了！

醒着的眼睛笑了。

考试不难，难的是华夏的重托，父母的期望。

6

我们爬山去。呼啦啦拥出校门一大串。

一山更比一山高。爬，劲在脚下。

笑，傲然挺立的山巅巅。

方块字，垒出座座云峰。

爬不动了，挖，用锄头。

总不信，山会高过锄柄。

7

不眠的长夜，我学会了微笑。

微笑是夏日的清泉，微笑是冬日的炉火。

断桥边，我架一桥微笑，迎接心与心的欢呼。

8

长长的夜路，像奶奶密密匝匝的皱纹。

背着扫帚星，小伙伴寻找九泉下的乐章。

悲欢离合的故事是一条内流河。

种一坡树吧，在心地，汩一汪情意绵绵的山泉。

9

唱唱歌跳跳舞，写写字绘绘画。

好像娃们都长高了。

果子的成熟，需要根与根输送营养。

经经风见见雨，沐浴阳光。

见得多了，哪还会害怕惊涛骇浪。

10

跳了三五次，摘不下的依旧是那枚桃。

馋涎三千尺，仍是流不尽那河欲望。

垫一条矮凳，垫高的是头顶的希望。

希望一个比一个高远，我想到了吃饭。

老啃人家嚼过的馍，别说做学问的人，就是娃，也会心烦。

11

手心里煮饭，试了千千回。

奇思异想，是娃们的专利。

谁也不会笑上天遁地的孙猴子。

就怕你没有设计的胆量。

12

切开果心，犹如打开一本书。

你会读到色香味俱全的文字；你会欣赏到亮丽的风景；你会品味到苦苦甜甜的情节和大喜大悲的心绪。

书里的良知，绝不会在脊背上发表善与恶的演说。

13

恪守春种秋收的老话，收成越来越低了。

常想在季节外谋取一分收获。

气候越来越反复无常。

书本里的知识老跳到窗棂上，掠走满教室的童趣和天真。

14

蓦然发现，那粒果子里有条虫。

好想让它重返枝头。

重返枝头就能苗苗壮壮成长吗？

爱幻想的娃笑了，他好想钻回娘肚真真切切感受那份爱抚。

15

鼻子一酸，我就嚷：苦、辣、酸、咸。

和读书一个味道。

你的筷箸走出盘盘碟碟，凝成一朵笑。

甜呀，真甜。

16

洒一路智慧。

爬出试卷的阶梯，娃们的喜悦和父亲比肩。

孤独哪里去了？烦恼哪里去了？

娃的耳鼓，响着母亲的纸扇。

爱比天高，比天更高的是娃们的向往。

17

太阳还是那轮太阳。

校园里的日子，个个都鲜过蔬菜。

18

总想把风关在门外。

风却在字里行间发笑。

心灵的窗户终于关闭了。

如风的关爱，又常常撼摇如林的情怀。

19

明明握在手心，那把钥匙。

衣服却翻了个底朝天。

明明坐在母爱里，好多时候。

心却找不到落脚的地方。

20

蹦蹦跳跳的路，有一块石头绊了脚。

爬起来，狠狠踢它一脚。

石头没嚷，脚却哭了。

记住了，过不去的时候，绕道最好。

21

针眼小的是心，天般大的是祖国。

针眼小的心，盛着天般大的祖国。

鸿毛轻的是心，铅般重的是祖国。

鸿毛轻的心，驮着铅般重的祖国。

22

采一浪智慧，插进心河的堤岸。

绿了满园生活。

掐一朵微笑，别在胸襟。

亮了少男少女的眼睛。

谢在花季里，用赞叹立碑。

岁岁清明，踏着纷纷细雨，检阅红领巾。

短了前途的路，长了后脚的足音。

张张稚嫩的脸蛋，都烙印着顶天立地的誓言。

23

点燃信念，燃旺青春。

痛楚的燃烧，燃出满屋的赞扬。

没有燃烧的思考，在雨季的哀歌里，只能燃进大海的怀抱。

24

在高矗云霄的书山凿出一条隧道。

羡煞攀登的脚。

记住了满山的赞美。

满洞的血汗翘着嘴，责怪人们把它遗忘。

25

和树赛高。

怪父亲偏心。

娃和树都是父亲种的，树却分外地长。

站在树的肩上，终于明白了，再高的树也高不过娃们的理想。

26

站在"三角架"上，好多人拉我。

白费力气。

要不，加一角试试。

莫试，莫试，我知道，多一角或少一角，都失去稳定的性能。

27

铺一路希冀，用金色的果。

踩着春的思索，夏的沉吟。

姗姗而来的欢笑，在凉亭，歇了歇脚。

雨来了，雨来了!

好多故事，拱破了地皮。

28

扒开肥美的野草，求证老师的命题。

蓬蓬勃勃的绿，绿满书包。

秋千在草叶尖上，含一粒珍珠。

蚌出来了，金光闪闪的诗句。

29

送你，在人生的小站。

那滴泪，溅出满湖涟漪。

你的故事，酿成一盅杜康，任四十五颗童稚的心分享。

30

咬烂轮胎的黄昏，脚踝抛弃了生命。

哭，无泪；喊，无声。

三只脚撑出的风景，美，且壮，且悲。

31

顶住天，夯实地，撑开两脚。都这样吗？只要是人。

大写的人生，一撇一捺，都直透脊梁。

32

剪一段晨雾，做连衣裙。

袅娜脱颖而出。

新新人类爱看脚尖。

恨不得，无名指走到脚拇指前边。

33

等落日头。

希望还是没来。

老想，正在路上。

月亮升起来了，希望没升。

还等吗？

再等，只能是，秋霜落满华盖。

34

站立，是一棵果树。

倒下，是一条道路。

真正的人，硕果累累，昭示后人。

35

听松涛，在山的怀抱。

嚷，一山更比一山高。那曲山魂，滚滚流进我的心胸，凝成山的巍峨。

36

唤，一声声，破了喉管。

脚步声，渐近渐远。

怜悯似星星，缀在天边。

别企望，乞讨的碗长出粮棉。

37

飞一颗心跳，灿烂了皱巴巴的脸。

苦，肥在心田。

从春窖到秋，酿出一缸香甜。

汩进香腮了！蜜进香腮，那日子，才动心弦。

38

几场春雨，肥了春潮。

浪，直往半空跃。

鱼儿淘气，咬破一网网生活。

39

熊掌酥，鲫鱼香，放不下的是圆满。

涉过河，翻过山，入耳的，仍旧是母亲的呼唤。

这山忠，那山孝，何不两山并一山，成全开拓者的盼望。

40

一串串喜悦，一串串祝福，上路了。

从字里行间。跌跤并不可怕，怕就怕爬不起来。

爬起来又跌哩？

跌倒一千回，就有一千零一个起点。

41

走过来了，一路坎坷，一路潇洒，一路光彩。

整整四十年。

一朵朵花便把果留在了枝头。

你怀抱着果，走出生命的冬天。

42

发表了，少男少女的宣言。

在蓝天，在银河；在草原，在丛林；在江河，在大海。

少男少女的宣言，是朵朵荷花，是片片彩霞。

是只只蜻蜓，是串串笑语……

43

摘吧。

把淡淡的月色，闪闪的星星，朦胧的花影，幽幽的清香都塞进大花篮，炒成一个大拼盘。

盛着娃的理想，盛着父母的希望。

44

粉红的梦破了。

要怪，就怪那声喊。

满树红月亮，酥得一嘴嘴馋出不来声。

红月亮红月亮，甜出了十里八乡。

45

起誓吧，用血。

心，三十年不变心。

心会大哟，心会小。

小小大大都不会夸张那颗忠贞。

46

拾穗，四十年。

篮没满，筐也没满。

瘠，山里的土，遗失的是血汗。

太多了，无法拾捡。那就埋进地里吧。

来年金秋，山峦峦样饱满。

47

风在浪中走，浪在风里行。

船累了，好想舁进宁静的港湾。

娃是一只瘦瘦的船，疲倦在颠簸中。

有桃花源吗？

陶公无言。

船是海的血液，不得不在风浪里颠。

48

就这样抱着，千年万年。

相偎相依地拥，凝成一尊浮雕。

血的奔涌，情的激荡，撩得长江大声吼喊。

有情人，从不在乎世俗的目光。

49

张开手指丈量爱的路程。

脚丫儿翘着嘴唇提意见。

从这匝纹路走到那匝纹路，攀上额崖的是儿孙。

好走吗？那路。

啃着满头白草的儿孙咽不出声。

50

多雨时节，你来。

常常淋湿满坡憧憬。

还会来吗？阳光，从没怀疑，生命里的春。

51

馋。

馋母亲那棵果实累累的故事。

摘。

一颗又一颗，香了春风，甜了夏雨，乐了翩翩起舞的冬霜。

52

那串泪，都是心窝里孕育的珍珠。

走进快乐的生日，我笑不出来。

撕心裂肺的痛。一阵阵，袭过我的香腮。

我仿佛瞧见了母亲脸的苍白。

落吧，情感雨，该来的，总要来。

53

摇摇摇，摇落了娃的童年。

摇不落的是母亲手中那柄心形蒲扇。

夏日的热气夏日的蚊子常气得翻眼白。

每年夏天，我都会躺进母亲手中那柄心形的蒲扇里。

54

踏青的日子，我在山坡上觅觅寻寻。

仿佛掉了些什么。

童年的淘气赶来了，少年的憧憬也赶来了，唯独不见天远地阔的理想。

理想似红叶。

猛回头，瞧见了正提着醒的风。

55

出远门的时候，母亲千叮咛。

别忘了携带宽容。

宽容是祖传的宝贝，古色古香的。

穿行在岁月的风风雨雨里，宽容成了过河的桥，宽容成了爬山的道。

56

水清无鱼。

在家的湖泊里，常扔几粒石子，搅浑那汪水。

水一浑，鱼就有了吗？

你溅出一浪笑，我也溅出一浪笑。

咱们都是鱼啊，怎会游出那湖生活？

57

泪也是金子。

儿子嚷。我有很多。

知道的，儿子最富有。

是财富，就要好好收藏。

58

心中的鸟儿飞了，你恨。

你却忘了，鸟儿喜的是森林。

光秃秃的山圈不住鸟儿的喉咙。

那就在心谷繁衍满坡绿荫吧。

59

别喊，别喊。你一出声，梦就跑了。

饭，天天都有吃，不在乎一餐。

梦跑了，再快的马也追不回。

60

这世界太小了，你又踩了我的脚。

我知道，你不是故意的。故意才美哩。我们坐下聊聊。你的手真狠，又捏痛了我的情感。

61

想飞就飞，何必躺在书卷里。

童年的芳草地，从不埋蝴蝶。

淋湿了，是岁月的风雨。

振振翅，不就飞出了那季厚重的日子？

62

你不认识我。我不认识你。我们相遇在园林里。

你站着。我蹲着。我们合了一张影。

你走了。我走了。只留下匆匆的足音。

63

孩子摔跤了，我没扶。

好多指责敲打我的脊梁。

伸伸手，不就站起来了。

我没理，只顾往前走。

做长辈的扶得了一时，却扶不了一世。

64

跌进泪海了。有人嚷。

笑在心里。我没有寻声。

生来心软。生怕出不来，一头扎进那海里。

65

太小气了，你。

不就瞧瞧。

说得轻巧。

有的地方，一辈子也不能让外人瞄。

66

好酷，鸡蛋里挑骨头。

能在鸡蛋里面挑出骨头来的，一定是大手笔。

你偏不信，实验，一百又八回。

服输了吧，这次。

要晓得，鸡蛋里面的骨头常常磕脆昂首阔步的牙齿。

67

高一声低一声地吆喝，凝成大街小巷的绝唱。

空酒瓶、空饮料瓶、包装盒、旧报纸排列组合的诗句，撩得打工仔打工妹在硬床板上吼理想。

回收，起早贪黑，垒高一个个希望。

磨，磨出来的诗更摄人心魄，磨出来的诗人更有光彩。

68

破了，那窗纸，只轻轻一戳。

红了，一张尴尬的粉脸。

69

深刻，像打井。

放一炮，只有一个小小的洞洞。

地层越坚硬越有钻头。

水出来了。水位越深，越清甜。

70

不弯不成路。

奔前程的脚，好想路又直又平。

秋风爱泼冷水，平直的路在手掌上。

手心里的路也九曲十八弯。

71

你真是一首诗，寻你千百回，就是不见你的倩影。

梦不飞了，你却旋高我的惊喜。

三里五里一回头，苦也喜，甜也喜。

恨不得罩过去，把你种在诗地。

72

猛回首，一切都定格在绸缎上。

时间是经，空间是纬，细细密密绣出串串离合悲欢。

甜从中来，苦从中来，慢慢咽。

沁人心脾的清凉溢满了心田。

73

不要嫌，和你走一路是你的福气。

一人走，好孤单，越走越小的是胆。

你邀过好多脚，他们都选了另一个方向。

好不容易走到了一起，要珍惜身边的伴。

74

不要总装聋作哑，有问题总要作答。

拖也是一种方法，但不是办法。

要是能够拖出高楼大厦，"皇帝的新装"一定可以卖个高价。

75

喝一口咖啡，咂咂，味道出来了。这就是生命的本体，不光是品杯咖啡那么单调！

76

比画还要美的是初恋。

雨一淋，画就褪色了。

褪了色的初恋仍旧绚丽。

只是流连的眼睛，一次比一次提前退场。

77

都给你了，连同我的不安，我的冲动，我的嫉妒……

离我越来越远了，真没心肝。

怪谁哩，只能怨你没有内涵。

一本摸头就知尾的书，没有兴趣翻。

78

妈妈，我有那东西了，不能告诉你。

是吗？有就好。

爸爸，我有那东西了，也不能告诉你。

好哇，娃儿长大了！

真的长大了，越来越深沉的是目光，越来越宽容的是心地。

79

走进归宿了，杯儿。

好多眼睛说，真的舍不得。

也想过退休，也想过照顾孙儿。

意外的福缘，生前修得。

80

弄真成假了，这回。

没想到你也喜欢。

每回你都让我，包括饭碗。

望着你幽怨的目光，恨不能割尽那缕虚幻。

81

还记得吗？那春，我把心藏在语言的后面。

故作轻松地，东也说了，西也侃了。

一句话也没插，默默地听。

真憨得可以，也不会推开言语，掳掠那颗心。

82

重逢在回忆里，伤的是心。

约你一回又一回，总约不出你的笑脸。

白天忙，夜里忙，不忙的是情感。

忙哩，思念如海洋，静也掀巨浪。

83

随便翻翻，翻出好多灵感。

突然想起裁缝。剪剪裁裁一缎布，又是好装样。

好呵，千百年的文章。

南北东西信手敲，都能锤出好思想。

84

记忆是条蚕，嚼食岁月的桑。

思念如茧，兜起人生的辉煌。

化蝶了，飞不高心愿。

孵出一个个愿望，孵出大循环。

85

盲人看风景，景中景，奇中奇。雾好大，明眼人瞧不清，请盲人指点迷津。

顺着这弯路，走下去，前程似锦。

明眼人好高兴，不再担心。

86

梦，回不去了，前面有堵墙。

绕道走，妄想！墙后是咆哮的长江。

飞过去，张开想象的翅膀。

过江啰。摘一片柳叶，平放当船。

87

行囊太重，叮咛太多，迈不开的是双脚。

一步一个脚窝。

长途陌陌，好强的泪珠儿，千万别溅湿那支歌。

88

尺太短，寸太长，指指点点为哪桩？

伤心泪，慢慢尝，走出峡谷是平川。

阔步走，吼声远，人间正气冲云天。

89

整整一个季节，心都潮湿。

爱情雨，去了粤北。

你劝我，心不要太热。

天天盼，下一场暴雪。

90

你走了，连空气也不新鲜，真是风吗？

你走了，连生活也不合拍，真是弦吗？

风爱弹弦，一曲曲，情切切，意绵绵。

91

你说过，喜欢涨涨落落。

别逗了，平生最怕风暴。

我眼里，涨也心碎，落也心碎。

回流吧，还是平湖最好。

92

点燃了，黎明那个清亮的主题。

再加几块情再添几把意。

满篮子鲜嫩嫩的素材满砧板水灵灵的形象香出了厨房。

醉了，正待举杯的三朋四友，诗一般骄狂。

93

两棵手拉手的树站出了距离。

小时候也曾承诺，长大了搂在一起。

叶与叶的吻，花了心思。树终归是树，再怎么努力，都是根的结合。

附录：漫话老刘

·习作中的老刘

"漫画"老师

黄梦嫒

　　"世上漫画千千万，我的漫画最好看。"世上的漫画的确有很多，如《斗罗大陆》《淘气包马小跳》《鬼狐灯》等众多漫画，漫画能把人物的特点，外貌和神态重点突出，让人一看到就被吸引了。今天，就让我来一篇"漫画"刘老师吧。

　　有一位神人，她的眼睛只要巡视"宫廷"，就能把那位"小差达人"找出来。她就是我们的神师——老刘。她有双火眼金睛，额头成了"光杆司令"，头上却是"枝繁叶茂"，满头秀发，美如王昭君，神如嫦娥。每当"宫廷"里出现喧杂声，老刘就如玉皇大帝一般一声令下，令其"讲话君"如雷打一般，慌忙停住。如果有令其人之烦也，老刘也会吟调一首："你有什么样的苦，你有什么样的泪，别让我知道，别让我看见，你在角落里哭泣。"那位人士如接令一般嘴不言，眼不斜，直视黑板。万一某位"小官"开小差开到万里长城去了，老刘便会下令，某人已到万里长城调笑去了，请从万里长城飞回座位，那位"小官"便会回过神来，继续认真听讲。

　　当我们写作没素材时，这位"美人"又叫我们购买泡泡神器，让其在操场吹之也，竟有人吹得泡泡飞之比房高，飞入云间，而有人的泡泡欲飞则爆。吾之泡泡，五彩斑斓也，只因泡泡水倾倒半之，而无能为力。回教室，每人聚神写文，顿觉文思泉涌、下笔如有神助。如有人没赶上，老刘又会悉心教导。

老刘也是位"懒"老师。当我们作业写完时，她坐在椅子上，口中振振有词："请各生互改，改后到吾处签期。"她有很多干部，如段主任、薛经理、电脑员、修理员、干部，比比皆是——上课有段主任、薛经理写字；听写时，总有"博士"招呼，"博士"可不是吹的，一边帮同学们听写，一边一字不落地写出来，无一心两用之功力，弗能当"博士"也；批改由组长，而重大作业由我们的神师主持。

老刘不生气时如温顺的绵羊，生气时却如凶猛的老虎。有些同学总不完成作业，上课讲话、开小差。这时，如果屡教不改，就会有虎气降临，总会让他们稍做改正。

这就是我的"漫画"老师，因为她，让我的学习生活乐趣无穷。

一个眼神影响了我

李锦杰

一个眼神，却有两种不同的风味，它像倒放的电影，一直重现在我的眼前。那个红框配着那双伶俐的眼睛是绝妙的搭配，她那一双小眼却把我们的神情看得一清二楚，我认为世间最美好的事就是您的眼神和我的目光对视着。这个人便是老刘。

在课堂里，您的眼睛就像三百六十度无死角的监控，当您刚到来时，您的眼神是温柔的，和蔼的笑容中可以看出您的热情。和您接触的几年里，课堂里没有一个人说话。我记得，在课堂上，我讲悄悄话，您在讲台上写字，一转身就看见了我，当时您的眼神是严肃的，眼里仿佛带来一把刀，吓得我立马回了神，在众多的课堂中，因开小差被您用眼神"抓"过的人数不胜数。

在校内，课堂上，您的"神"已经让我佩服不已了，而让我佩服得五体投地的是在校外，您像读心师一样，总能知道我在哪里。有一次，放完学之后，我和同学没有按时回家，在河边玩水却被您发现了，您"凶恶的眼神"又出现了，虽然您没训斥我们，但我从您的眼中读出了您的批评、您的提醒。从此以后，我再也没有不按时回家了。您随时随地地教育我们，从您的教育来说，我们都知道了您的用心良苦。在大家认真时，您的眼神是那么温柔。我们上课认真听讲，语文水平都有所提高，您的眼神就像春风吹拂着的柳叶一样，是那样的温柔、优雅、平静。我喜欢您严厉的时候，因为您的严厉让我变得更优秀。您的眼神，令我永远也无法忘怀，我特别希望您那严厉的眼神永远都不会熄灭，希望您的眼神会一直陪我成长，因为是您的眼神给了我无穷无限的力量。

感谢这神奇的眼神，也许毕业后再也看不见您这两种不同风格的眼神，但我会一直铭记于心中，让我继续成长。

跟老刘说说知心话

薛雨婧

老刘，每一次见到您，我都觉得特别亲切。因为，自从我读书以来，只有您，我们才可以叫"老刘"，这是您给我们的特权，我为自己能拥有这样的特权而感到无比骄傲。你是我们 131 班心中永远的"老刘"！感谢您在三年级的时候来到我们班教我们的语文，我的语文成绩在您的引导下，有了巨大的进步，我希望永远跟在您后面，在知识的海洋里畅游。

老刘，我想对你说，感谢您教给我们无数的知识。您知识渊博，每堂语文课上，您总能把书中的知识讲得津津有味，有时候还会根据课文中的内容延伸到课外，让我们学到了更多的知识。我们对您是永远爱不完的，您上课非常幽默风趣，当有一个同学在您的课上开小差时，您就会脸带微笑地对他说："你的小差是开到长沙的呢？还是开到北京了呢？"听完您说的话，我们全班同学哄堂大笑。一次，一位同学在上课时开小差了，您就走到他旁边，用生气的眼神盯着那位同学，不由自主地唱起了一首美妙动听的歌曲："你有什么样的苦，你有什么样的泪……"全班同学瞬间捧腹大笑起来，那位开小差的同学有点不好意思了，不再开小差了。每节语文课，我们都是在这种愉快的笑声中度过的。

老刘，我还想对您说，谢谢您对我们的严格教育。说句实话，当我们犯了错的时候，你会很严厉地批评我们，特别是没完成作业或者上课不认真听课的时候。我想起《三字经》里说过："养不教，父之过，教不严，师之惰。"您对我们的严格要求，是想让我们日后成才。

老刘，我想对您说的话是永远说不完的。最后，我祝您身体健康，越来越年轻漂亮！

老刘，我想对您说

颜 馨

光阴似箭，岁月如梭，一转眼您已经教了我们三年多语文了，眨眼间，我们即将毕业。三年前的小树苗已经长成了眼前的茁壮大树，在这三年的时间里，我们从满脸稚气的小孩子长成了心智成熟的大孩子，粉笔灰落在您的鬓发上，让您有了少许的银发。您默默无闻地工作，默默为我们付出……

您不但教我们语文，还教我们书法，我永远忘不了您教我们练字的口诀："横平竖直，撇捺有笔锋。"您告诉我们："字如其人，人亦如字。"您写的字是我平生见过最美的字，个个娟秀端庄，让我情不自禁地想去模仿，可每一次模仿都写得东倒西歪，就像鬼画符一样。在您还没有教我写字之前，我的字就像在本子上跳舞——横不平，竖不直。但自从您教了我书法后，我就在慢慢蜕变，就如毛毛虫变成蝴蝶一样。虽然蜕变的过程很漫长，但蜕变之后就会变成美丽的蝴蝶。在练字的过程中，我想放弃时，又想起您曾经说过："苟日新，日日新，又日新。"这让我重新奋斗。

每天早上，您在开校门时就到了，每天带领我们跑步，当我们没力气跑时，您在旁边鼓励我们。您本可以站在走廊或旁边，看着我们跑，可您却没有，而是陪同我们一起跑。我永远忘不了您与我们一起跑步的美好时光。您跟我们讲，到了初中就有跑步考试。跑步时还和我们一起喊"一二三四"。跑了一个星期，我能隐隐约约地感到身体素质在增强。您每天早上带领我们班跑步的场景，成为学校最亮丽的一道风景。

您为了让我们把作文写好，每一次上课都不忘教我们写作文的方法，每一个星期您都会用两节课教我们写作文。我已经掌握了许多写作文的方法，比如开头方法有：排比、比喻开头法，文言文开头法，引用名人名言开头法等等；在叙述的过程中，还可以引用一些古诗、经典故事，并且运用语言、动作、神态、环境描写，让作文更加生动形象。

老刘，您是辛勤的园丁，培育祖国的花朵；您是拐杖，让我们在成长的道路上永不跌倒；您是一面墙，为我们遮风挡雨；您还是一根蜡烛——燃烧自己，照亮别人！老刘，您辛苦了！

老刘的 n 种用法

曹陈浩

昨日，吾等学文《阳光的两种用法》，文中母亲和毕大妈巧用阳光热被褥、热水，给生活添滋味，让吾等知阳光有两种用法。今日，吾写文章，介绍一下"老刘"的 n 种用法。

我们身上背负着如山般的压力，常常吃饭不香，睡觉不甜，生活无乐趣。但是，往往这种压力存在的时间不长，因为，老刘可以感受到我们的压力，常常在不经意间，冒出一句："你们听到哪位'话痨'讲话了吗？"这时全班都望向这位"发言人"。然后，老刘笑眯眯地走向那几个讲笑话的同学："你们嘴巴干不干，需不需要喝口水润润嘴巴再继续讲。"那几位同学哑口无言，全班却哄堂大笑，压力也埋没在笑声中，顿时浑身轻快。而今天早上，等全班同学到齐之后，老刘和老李悄悄地拿出蛋糕："今天、明天、后天都有同学过生日，但是只有一个三寸的，这并不影响大家的热情。大家来庆祝吧。"随后，大家一起唱生日歌，老刘亲自切蛋糕，还下令让他们给同学们脸上抹奶油，大家都沸腾起来。所以，老刘的第一种用法就是"消灭压力"。

"度娘"（指上网）虽然上知天文，下知地理，左知新闻，右知事件。但我们却有个"刘娘"。我们的"刘娘"也并不差。在课堂上，同学们肯定有各种各样的疑问，但是又不可能去查找"度娘"，所以"刘娘"就成了我们的百科全书。不论什么问题，老刘都能行云流水地答上来，甚至为我们说明其中的道理和含义。有时，同学们会遇到一些紧急情况，比如头痛、发烧、急性肠胃炎等，老刘都会悉心照顾这些同学。这就是我们的"刘娘"。

其实，老刘的用法不止这几种！只是不可能一一表述出来。在生活中，谁都有着许多的用处。老刘真是一个有 n 种用法的语文老师。

我的"懒"老师

王浩宇

说到老师，人们的脑海中肯定会跳出"辛勤的园丁"这样的字眼，更会情不自禁吟起"春蚕到死丝方尽，蜡炬成灰泪始干"的诗句。在我心中，老师原来也是勤勤恳恳，如老黄牛一般埋头苦干。但随着年龄的增加，我惊奇地发现，我那麻辣老刘——我的语文老师，却是越来越"懒"，"懒"迹斑斑，何因？且听俺慢慢道来。

"懒"迹之一：不听写，"博士"听。

听写是语文老师必须做的一件事，通过听写可以检验我们学生学的生字词是否掌握。何为"博士"，老刘曰："一心两用者。"

乃由我们学生上台，将本课生字听写出来。何为"一心两用者"，就是既得帮别人听写，自己也得在本子上写。但"博士集团"最开始只有邹博士兼"集团"首领，别无他人。而后，"集团"成员愈来愈多，成了本班实力最雄厚的"集团"。班上的同学为了加入集团，个个费尽心思，绞尽脑汁，将生字吞吃入腹，继而发泄出来。吾之"博士"秘诀：将生字词排成顺口溜，一遍遍"溜"过去，生字词就从腹中发泄出来了。这都源自老刘的"懒"。因刘"懒"，班上"博才辈出"；因刘"懒"，班上同学的记忆力直线上升，自信心稳步提高；因刘"懒"，同学们争先恐后地想加入"博士集团"，拥有自己的"博士"之位。老刘的"懒"是让我们打开成功之门的钥匙，是培育各路"博士豪杰"的导师，是能让我们"更上一层楼"的信仰的阶梯。

"懒"迹之二：少讲解，让"教授"多讲。

一提到上课，你总会想到老师在讲台上滔滔不绝地讲课的情形吧，对了还有，奋笔疾书，黑板上的板书内容写满一大块。可我的"懒"刘却又"懒"上头，自己讲得寥寥无几，却总让"教授"上去滔滔不绝；板书也如沙漠中的水一样少，总让"教授"上去奋笔疾书。一次单元测试后，"懒"刘请上了段"教授"与薛"教授"，从这时候起，班上出现了实力第二雄厚的集团，名曰"教授集团"。现在，这两位教授在上面分工合作，一说一写，将题目分析得十分透彻，再将分析透彻的题目写在黑板上。但"懒"刘哪去了呢？她正在教室里面走动，起着穿针引线的作用，将难题简略指点一下，"懒"刘可真是"懒"呀。一节课下来，"教授"们提高了自信心，板书字写得更好了。随着时间的推移，"教授集团"成员也越来越多，同学们经常看见"教授"在讲台上，将"疑难杂题"消灭干净。因为老刘的"懒"，同学们的自信心稳步提高；因为老刘的"懒"，同学们如火车般开向成功的道路；因为老刘的"懒"，我们也能在讲台上滔滔不绝地讲解和在黑板上奋笔疾书了。

"懒"迹之三：让我们改作业，检查作业。

改作业，检查作业本来是老师的任务，但"懒"刘有时也会根据同学们完成任务的情况决定派谁去改作业、检查作业。这位同学既要自己全部正确，还要积极跟同学分析题目错题。一次，"懒"刘再次"懒"性大发，让一些学习认真的同学去改作业，在改作业中，同学们可以将答案巩固，并在其中发现自己的错误，这样，以后遇到这种题目就能在别人抓耳挠腮时，行云流水地答题了。老刘的"懒"是黑暗中的光束，照亮我们前进的道路；老刘的"懒"是我们打开成功之门的钥匙，让我们迈向成功；老刘的"懒"更是一场轻柔的春雨，滋润我们，让我们茁壮成长。

如今，我们越来越喜欢这个"懒"老师了，因为她的"懒"给了我们许多展示自己的机会，让我们充满自信；因为她的"懒"，我们把知识学得更牢固，更全面；更因为她的"懒"，让我养成了自主学习的好习惯。感谢我的"懒"老师，您的"懒"造就了我们的勤。

我的麻辣老刘

曾子程

老刘，何许人也？吾之语文老师也。每每想到她，我的心中就会想到我吃过的麻辣烫，四川的麻辣烫，以麻、辣为主。辅以多种佐料的串串让许多人垂涎欲滴。在我的心中，老刘既"麻"又"辣"。

老刘的幽默风趣，"麻"得我浑身舒服，在老刘的课堂里永远都有笑声回荡。我们班有 64 个同学，总有一些同学忍不住开小差，正巧被老刘看见了，老刘就说："开点小差，卖点小菜，你们那些开小差的人继续开，你们以后卖的小菜，我们都不买!"老刘这么一说，开小差的同学都有点不好意思了，就不开小差了，而我们全都笑了。有时候又有同学开小差，老刘又会说："哪位同学在开小差，你的豪车小差已经开到长沙站了!"全班哄堂大笑起来，就连开小差的同学也不由自主地笑了。偶尔，老师会讲与学习有关的笑话，有时候用日语说，有时候用英语说，还有时候用宜章土话说。老刘偶尔还会说一些自创的名言，比如：先苦后甜，杀猪过年，先甜后苦，卖田卖土。老刘这样的"麻"让我非常享受。

老刘的严中有爱，"辣"得我睁不开眼睛，有一次。我没按时完成作业，老刘严厉地批评了我。其实我知道老刘用一种严厉的方式爱我们。我们在成长的路上不可能一帆风顺，必须有人在旁边引导我们，我们才能不跌倒。

老刘的渊博知识真像那麻辣烫中的串串。她在课堂上，总会讲我们语文书上没有的知识。她可以一天到晚都不停地讲，她肚子里的知识真多呀！她真是一本让我受益匪浅的"百科书"！

老刘十分爱打扮，真像那麻辣烫里的"酸"。老刘每天给我们上课都会穿着那漂亮的衣服和连衣裙，当她走进教室，大家都会觉得眼前一亮，就像看见了四大美女一样，我们见老刘这样漂亮，就称他为"刘昭君""刘西施"。看来老刘很喜欢连衣裙。我暗下决心努力读书长大，有出息一定要帮老刘买一件漂亮的连衣裙。

这就是我的麻辣老刘，她是一盏明灯，照亮了我前进的道路，她是一轮太阳，温暖了我整个的人生，我为拥有这样一个"麻辣"老刘而感到无比的幸运与自豪！

长大后我就成了你

2004 届学生　姚靖璇

三尺讲台，三千桃李。每一个桃李盛开的背后，都有一位老师，在三尺讲台上诉说着平凡而伟大的故事。何其有幸，幼时，我遇见了刘诗兰老师；长大后，我也踏上了讲台，成为如她一般以教书育人为己任的教师中的一员。

与刘诗兰老师的初遇，是在四年级期中考试后的第一天。那时的我，刚转学进入她的班级，第一次踏入陌生的校园，见到陌生的老师们与同学们，一切都是那么新奇，但也让初来乍到的我有些忐忑。与刘老师一见面，她就亲切地让我称呼她为"老刘"，一下让我们的距离拉近了不少。刚刚转入"老刘"的班级时，我的语文成绩并不是很好，阅读、作文是弱项，"老刘"就经常把我叫到办公室辅导我的写作，她从作文主题、思路等方面一一为我解读。为了让文章更加完美，几次三番为我做细致的修改，每篇作文的后面都有她写下的评语。在"老刘"的指导下，我的作文取得了极大的进步。我也在不知不觉中爱上了语文，阅读、习作等方面都有了显著的提升。

"老刘"于润物细无声中诠释了如何做一名专注自身发展且心系学生的教师，令我看到了我心目中老师美好的模样。小学生活虽短暂，但"老刘"早已在我心中埋下了一粒种子。初中毕业后我选择了成为免费师范生，渴望成为一名如她一般的老师。如今的我，已踏上教书育人之路，慢慢地学着"老刘"的模样把知识传授给我的学生们，我也深刻地感受到了一位好老师对孩子的影响。

有一天，学校举行了一场讲座，请来的专家正是"老刘"。我与"老刘"再次相遇，高高的马尾，穿着漂亮的裙子，如春雨一般温柔的声音传入我的耳朵，那一刻，我仿佛又回到了读书的时候，上学时，"老刘"也是这般启迪着我们的思维。讲座结束后，我怀着激动的心情跟"老刘"打招呼，"老刘"看到我时，满眼都是欣慰，亲切地问我："现在在哪所学校教书？觉得教书怎么样……"与"老刘"的再次相遇，我特别高兴和幸福，我又幸运地成为她的学生，从前是跟着"老刘"学语文，现在是跟着"老刘"教语文，紧跟"老刘"的步伐，一步一步扎实往前走，她始终是我学习和追随的榜样！现在的我，也深深热爱着作为教师的每一天。我喜欢走在路上，听孩子们远远地问候"老师好"；我喜欢站上讲台，看台下一双双期待和信任的眼睛；我喜欢拿起粉笔，为年轻的航船导航……

"长大后我就成了你，才知道那只粉笔，画出的是彩虹，洒下的是泪滴；才知道那个讲台举起的是别人，奉献的是自己。"长大后我成为站在讲台上传授知识的那个你，我相信也会成为学生眼中那个永恒的你！

作者单位：宜章县玉溪镇城南小学

刘诗兰老师：诗香满腹，蕙质兰心

2006 届学生　黄琳茜

　　午休时间，跟同事闲聊。他头疼写作，还要辅导孩子，真是难上加难。写作对我来说并不头疼，这得益于我的启蒙老师——刘诗兰。

　　最感谢的，还是她对我写作能力的培养。如果不是她，我无法克服对写作的恐惧，更不会像现在这样，下笔顺畅，脑海里想到的东西可以用文字精准表达出来。刘老师曾在家长会上表扬我"笔尖一动，字就在纸上流动"。我深深地记住了刘老师对我的精准鼓励。精准的鼓励，来自对方对我认真的观察，发现我的缺点在哪，优点在哪，让我足够信服。而这种认真观察，又来自一位老师对学生真切的关爱。孩子即使年纪小，也能感受得到。表扬确实是个好办法，让孩子对一件事情更快产生兴趣并获得自信，当我的作文被刘老师发现，并在全班表扬，那种被满足的虚荣心真是让人上瘾，为了再次被当众表扬，我想继续写出好的文章。

　　一次聊天，刘老师说："琳茜啊，我发现你很擅长感知生活，你表达出来的感受，可以感染别人。"这就像一颗种子，慢慢在我脑海里发芽长大。

　　刘诗兰老师对我的影响远不如此。

　　五年级我转学到三完小。刘诗兰老师是班主任，教语文。六年级我们搬到了另一个教室，虽说是小升初，并没有中考和高考那么严肃。但刘老师还是很重视，她干脆在教室一角放置一张长桌，用来临时办公。方便我们有问题可以随时问，随时督促我们认真学习。

阳光透过窗户，教室里亮堂堂，我回过头，教室后方角落的黑褐色办公桌上，刘老师正低头办公。她的头发梳得整整齐齐，只露出一点发缝，侧头找东西时，马尾便搭在肩头。

我调皮，不听爸妈话，对老师倒是很尊重，将老师的话奉为圭臬。妈为了让我每天乖乖喝牛奶。买来牛奶，拜托刘老师每天给我一瓶。每天早上一到教室，先找刘老师报到，领瓶牛奶。如果老师临时有事，我就自己拿一瓶，喝完了等她回来，给她看看牛奶盒，表示我已经喝了。

这件事至今被我妈所津津乐道——无法无天的我在刘老师面前乖得像小绵羊。

刘老师非常注意培养我们的自主学习能力。从小到大我们都是下课前将老师布置的作业要求抄在本子上，回家一个个做好。手头有什么纸可写，就写在那里。刘老师发现我们有这个毛病后，多次强调"好记性不如烂笔头"。说了几次不听，于是要求我们单独准备一个本子，用来记录每天的作业要求，写完一个作业，打一个勾，确保完成了所有作业，没有遗漏。每周小本子还要上交检查。

现在回想起来，这不就是我们工作中的"To Do List"吗？我无意识地运用在生活中，出门旅游、出差，列一个物品清单，确保出门不少带，回家不遗漏。刘老师这么一个小小的举动，却让我受益良多。

"令公桃李满天下，何用堂前更种花。"刘诗兰老师用自身影响了千千万万个学生，授我们鱼，更授我们渔。听闻老师还办了一个诗社，恰如她的名字一样，诗香满腹，蕙质兰心。

作者单位：电信深圳分公司

我心中永远的老刘

宜章县三完小90班学生　邝嘉怡

　　四月的天气渐渐变热。望着投射到阳台晒着的床单上那缕阳光，思绪一下子又飘回了那个夏天……

　　那时上小学三年级，我对老师一直是敬畏的。也从未想过能与一位老师成为好朋友。直到遇见了她，三年级第一节语文课，她风风火火地走进来："我是你们的新语文老师。"说着她在黑板上写下大名，"你们可以叫我老刘，之前的学生都是这样叫我的。"我开始有点怕她，每次遇见她都是怯怯地叫着"刘老师"，好似叫"老刘"是对长辈的一种大不敬。一节课过后，她给我们布置了一篇写父母的作文。从未想到这会转变我对写作文的态度。在好玩好动的年纪，自然是不喜欢各种作业，况且写作文这件事确实让我有些头疼。所以第一次交作文的时候，我看着自己那稀巴烂的文笔，不忍直视。不出所料，我的作文分数果然不高。"看来我是与写作文无缘了！"看着纸上大红色的分数，我心里犯起了嘀咕。所幸其他同学的情况也不好。很快到了作文分析课，老刘很仔细地分析了我们的作文，说了很多让作文变得更加生动的技巧，还安慰着我们说第一次写不好很正常，慢慢改进就行，并且鼓励我们再写一次。我慢慢对她开始改观。

　　第二写果然比第一次写得好了许多。我突然觉得写作文好像不是一件那么头疼的事情了，甚至有点享受这个过程。好似一位匠人要精心打造出一件作品，哪怕欣赏这件作品的人只有一个。很幸运，我的第一个"观众"是老刘。老刘的耐心指导提高了我

220

对写作文的兴趣。此后，每一次写作课，我变得愈发积极。拟人、比喻、夸张、排比……我开始用这些修辞手法让我的作文更加生动具体，不再像以前"挤牙膏"式地写作，毫无头绪。终于，在一次作文分析课上，老刘在全班同学的面前表扬了我的作文，我至今都记得那天的那种兴奋——心跳得很快，嘴角也未放下来过，眼里也闪烁着光芒。父亲说遇见老刘是幸运的，老刘就好像是我的伯乐，我也如此觉得，因为我从未想过我写的作文可以被搬到作文比赛上，可以与那么多作文写得好的同学交朋友，可以获得那么多的称赞，拿到一张张耀眼的红奖状……她不会知道她的鼓励和坚持对一个稚嫩的学生来说是多好的奖励，也不会知道她的爽朗对于一个曾经害怕老师的学生来说是多好的调节剂。我一直觉得人是需要被认可的，因为人终究不是一个孤独的个体，这种被肯定的快乐在人生的每一个阶段都显得弥足珍贵。哪怕在其他人的眼中显得那么微不足道，但对于自己来说，它可以给忙碌过后的心灵一丝慰藉，告诉自己一切努力都是没有白费的，都是有意义的。这份肯定甚至可以跨越时间，多年回忆起来仍有一份暖意。

　　又是一个夏天，蝉鸣聒噪，教室外枝丫疯长却也挡不住烈阳。时光匆匆将我们从小学送入初中的校园。

　　初中校园生活不如小学那般轻松愉快，课程的紧张开始显露雏形。在初中的班级中，我的成绩一直是处于中下游的状态，再加上没有活跃地参加各种活动。老师对我的关注也自然不多。在那段时间里，我只能用起了自己最习惯且用得最舒服的方法——那便是老刘交给我的学习方法。想起小学时老刘曾说，上了初中依旧可以吃她的"老本"，我开始还不以为意，认为初中的学习方法跟小学是大相径庭的，最后才发现其实有异曲同工之妙。我在把语文成绩维持好的同时，又感慨于老刘的强大，即使相隔很远，也能如有神力般在我遇见困难时伸出援手。生活总会忽而出现不尽如人意的地方。中考前夕，我生了一场大病，再加上青春期对学习的热情骤减，我与自己理想中的高中学校擦肩而过。那段时间对我来说无疑是黑暗的，我开始怀疑自己的能力，一遍又一遍地否定自己，整夜整夜地睡不着……中考成绩出来的时候，老刘便给我打了电话询问我的成绩。这个成绩对于我来说，自然是有些难以启齿的。但老刘并未像其他很多人一样说出伤人的话，而是像上小学第一节作文课一样，耐心地为我分析原因，让我不要被这个人生中的挫折打败而丧失了前进的动力，我还有很多希望……

　　带着父母、老刘还有众多人的期望，我踏进了高中的大门。高中的校园生活并不像电视剧中那般丰富多彩，好似随着年龄的增长，学业就越繁重已经成为一个定律。中考的失误，我好像又变成了一个不自信的人，开始害怕考试，会在每次考试之前失眠，成绩快出来之前心情也久久不能平复，与老刘的联系次数也屈指可数。后来父亲告诉我，其实在我待在学校的日子里，老刘也时常关心着我，总会问问我的境况。我其实未想过许久未联系过的老师在另一个地方也能如此想着我，在高三那个时候，这就像是给自己每天繁复的生活注入了一丝色彩，心里暖暖的……纸上的一笔一画，见证着我挥洒的汗水。日复一日，高考如期而至，庆幸的是，生活不再跟我开玩笑，看见高考成绩的那一刻，我终于明白了喜极而泣的感受，我可以步入自己理想的大学，弥补中考的遗憾。我第一时间联系了老刘，因为我急切地想把这个消息告诉这个时常关心我的恩师。看着老刘发来的祝贺消息，我又无比地庆幸自己有一个能与自己分享喜悦的老师，仿佛有一种多年的知心老友陪伴在自己身边的感觉。

鲜花盛开在四季，河流流向八方。生活就如同潮汐一般，涨了又退，未曾停歇过脚步。十分抱歉的是，我的作文水平也不再如高考前了。相对自由的大学生活让我更加开始注重起了生活的愉悦，学业似乎也有些放下了。现在的我只想用这篇文章来献给我的恩师——刘诗兰老师，感谢您在我那个稚嫩且幼稚的年龄，给了我这么多的鼓励，让我发现自己也可以站上领奖台，接受大家的掌声。那四年及往后您对我耳濡目染的影响和教育，无疑像灯塔一般照亮着我，让我变成了一个相信自己的人。请原谅我现在并不算好的文笔，无法很好地表达我对您的感激。千言万语汇成一句，在我心中您永远是最值得尊敬的老刘——"令公桃李满天下，何用堂前更种花"。

作者单位：湖南科技大学

致老刘的一封信

谭佳源

亲爱的老刘：

您好！

时间荏苒，岁月如梭，弹指一挥间，我已踏入初中的大门，马上就要迎来初二的学习生涯。回想起您对我的点点滴滴，感动的眼泪便会徘徊在眼眶之间。感谢您对我悉心地教导，小学时光的酸甜苦辣因为您而变得充满风趣，充满欢乐。

老刘，您知识渊博，您在小学时教我的知识，到了初中都依然实用！每逢语文考试，我身边的同学都焦虑不安，唯我淡定从容。一张语文试卷在我面前如同摆设，轻描淡写便能拿下。当同学们还在苦苦思考阅读题时，我就已经开始写作文了；当同学们还在数作文字数是否达标时，我已经将作文格子写满了。我的语文成绩数次名列全校第一，作文也经常被老师当作范文来供大家学习。我如今的成绩，离不开小学时期您帮我打下的坚实的语文基础。您教给我的写作方法、答题技巧，到了初中也依旧实用。特别是您教给我文言文方面的知识，到如今也依旧被现在的语文老师挂在嘴边夸奖，作为您的"文言王子"，在文言文方面我有百分之一百的信心。我觉得语文这门学科并不可怕，反而觉得越学越有趣。

除了您对我语文方面的指点，在生活和习惯方面，您也给了我很大的帮助！记得您在小学时曾叮嘱过我们：一定要养成阅读的好习惯，要"好读书，多读书，读好书"。这一点我一直谨记在心。每到茶余饭后的空闲时间我的手里总会抱着一本书，您说过"天才在于积累"。这个暑假我已经将本学期规定所读的名著读完了，有法布尔的《昆虫记》，斯诺的《红星照耀中国》，傅雷的《傅雷家书》。此外我还阅读了《水浒传》的原著，一个个鲜活的人物形象深深地吸引了我。现在，我的生活已经离不开书了：沙发上放着书，方便我坐下看；枕头边放着书，方便我睡前看；我在学校的课桌里也放着现在语文老师要求读的杂志——《意林》和《读者》，方便我下课看。谢谢您让我养成了阅读的好习惯。回想起我还未遇见您之前，我对书总有一种莫名其妙的厌倦，而现在，这种厌倦已经像尘埃一样散去，留下的只有喜爱和依恋。我通过阅读不仅提高了语文的成绩，而且对我学习其他科目也有很大的帮助，我其他学科的成绩都有所提升。您说过"得语文者得天下"，这点我深有感触，因为语文理解能力的提升，我对文字的理解也会更深，所以我的政治和历史成绩也很不错，而且光是语文一科，我便能与其他同学拉开十多分的距离，这就使我的综合成绩排名总是名列前茅。

老刘，我在四年级的时候遇见了您，虽然我们相处的时间只有短短的三年，但在这三年里，我所学到的知识比我自学三年学到的知识要多得多，您对我悉心地照顾以及对我习惯的培养，就如同我的亲生父母。谢谢您，我亲爱的老刘！

祝你桃李满天下！

您的学生：谭佳源
2022 年 8 月 15 日

刘诗兰老师的语文教学魅力

悉尼大学　钟泽权

刘诗兰老师是我小学四年级到六年级的语文老师。在我小学时期，刘老师不仅是我的语文教师，更是我的启蒙导师与"朋友"。她传授给我许多至关重要的语文知识和技巧，同时养成了我学习生活中的众多良好习惯，给予了我源源不断的鼓励和支持。小学的几年是短暂的，教科书所涵盖的知识也是有限的，但青少年时期养成的习惯、培养的特质与所获得的精神，却可以深远地影响一个人乃至决定未来很多事物的走向。刘老师用她的专业知识、热情和耐心，深深地影响了我的学习态度和个人成长。接下来我将回顾刘老师的教学，讨论她对我个人的影响。

刘老师给我留下了坚定而魅力四溢的印象。她性格坚毅，行事雷厉风行，言出必行，果断决策。她对学生的要求极其严格。举个例子，当班上许多同学的字迹潦草不堪时，刘老师坚决要求我们练习书写。刘老师曾告诉我们：要想写好字，首先得坐端正，也就是做事之前，态度要端正。刘老师特别能体现湖南人的精神："吃得苦、霸得蛮、耐得烦。"这对于我的留学发挥了积极作用。至今，我仍然记得15年前，在刘老师的监督下，我和同桌如何一步步将字迹从歪歪扭扭变得方方正正、规规矩矩。同时，私下里刘老师又很平易近人：刘老师让我们称呼她为"老刘"，这拉近了我们与她的距离，有种亦师亦友的感觉。

刘老师非常强调阅读和写作的重要性。她会带领我们一起阅读各种文学作品，不仅让我们享受其中的故事和情节，还通过讨论和分析，培养我们的阅读理解能力和文学鉴赏力。她经常鼓励我们进行写作练习，包括作文和日记，以提高我们的表达能力和写作技巧。通过这种方式，刘老师帮助我们打下了扎实的语文基础，为我们未来的学习和成长提供了丰厚的保障。刘老师在我小学时期培养了我对语文的浓厚兴趣和阅读的习惯。她的热情和引人入胜的教学方式让我对语文产生了浓厚的兴趣。她推荐了许多经典的文学作品给我们阅读，包括童话故事、小说和诗歌。通过她的引导，我渐渐爱上了阅读，享受着书中世界的奇妙和无限想象。培养的这种语文兴趣成了我后续学习和生活中的一种习惯，让我受益至今。刘老师注重培养我们的写作能力和表达技巧。她教会了我们写作的基本技巧，包括组织结构、逻辑推理和语言运用等方面。她鼓励我们进行日记和作文的写作练习，并给予详细的批改和指导。通过不断的练习和指导，我的写作能力逐渐提升，我学会了用清晰、准确的语言表达自己的思想和观点。这对我后来的学术写作和职业发展都产生了积极的影响。

刘老师在教学中创造了一个充满热情和互动的课堂环境。她总是充满热情地迎接我们，用愉快而生动的方式介绍新的课程内容。她会引导我们提出问题，参与讨论，并鼓励我们分享自己的成果。这种互动式的教学方法让我们更加投入和积极参与，激发了我们对语文学习的兴趣。刘老师鼓励我们表达自己的观点，并培养了我们的批判性思维能力。她常常组织辩论和讨论活动，让我们就特定的话题展开思考和辩论，激发我们的思维灵活性和逻辑推理能力。她还教导我们如何理性地评估和分析信息，培养了我们的判断力和思考能力。这种鼓励和引导使我们逐渐成为自信而有见地的思考者。刘老师通过鼓励和赞扬培养了我的自信和领导能力。她鼓励我们勇敢地表达自己的观点和想法，尊重每个人的独特性。她给予我信心，让我相信自己的能力和潜力。在课堂上，她还给予我一些机会，让我担任小组讨论的组长，培养了我的领导能力和团队合作精神。这些经历让我逐渐成长为一个自信而有影响力的个体。

　　刘老师对我的影响深远而持久。她不仅在语文学习上给予了我宝贵的指导和启迪，还培养了我很多重要的素养和能力。我将永远感激她对我学习和成长的影响。

　　刘老师拥有一种关注个体发展和全面教育的教育哲学。她不仅注重我们的学术成绩，更重视我们的个人成长和全面素养的培养。她不仅关注我们的语文学习，还鼓励我们积极参与各种课外活动，培养我们的艺术、体育和社交技能。她相信每个学生都有自己的潜能和特长，鼓励我们发掘和发展自己的优势，并提供支持和指导，帮助我们成为更全面发展的个体。

　　刘老师以身作则，鼓励我们树立积极向上的态度和价值观。她经常向我们传达正能量，鼓励我们坚持努力、乐观面对困难，并相信自己的能力。她教导我们要尊重他人，关心他人，并鼓励我们积极参与公益活动和服务社区。她的言行和态度对我们产生了深远的影响，激励着我们成为更优秀、更有责任感的人。

刘老师以她的耐心、关怀和正能量赢得了学生们的尊敬和喜爱。她对每个学生都耐心地倾听和回应，尊重并关心每个人的成长和需求。她总是以鼓励和肯定的态度对待我们，帮助我们建立自信和自尊。她以自己的真诚和温暖给予我们支持和关怀，使我们在她的陪伴下感到安心和愉悦。刘老师的正能量和关怀成为我们学习和成长的动力，她的人格魅力在教育中发挥着重要的作用。刘老师的教育哲学和人格魅力使她成为一位令人钦佩的语文老师。她关注个体发展和全面教育，鼓励积极向上的态度和价值观，并以充满耐心、关怀和正能量的方式引导学生。我对她的教育理念和人格特质深感敬佩，并将其视为我自己成长和教育道路上的榜样。

刘老师对我个人的影响深远而积极。她不仅在语文学习上给予了我指导和启迪，还培养了我的阅读兴趣、写作能力、批判性思维和领导能力。她的教学方法和风格充满活力和创意，关注个体发展和全面教育，以耐心、关怀和积极的方式引导学生。她的教育理念和人格魅力使她成为一位令人钦佩的语文老师。

我由衷地感谢刘老师对我的教育和成长所做的一切。她的教导和关怀让我成为今天的自己，她的影响将伴随我一生。我希望能继续发展和运用刘老师所教授的知识和技能，在我的学习和职业生涯中取得更大的成就。我也希望能传承刘老师的教育理念和人格魅力，成为像她一样对学生产生积极影响的人。刘老师是一位值得赞扬和敬仰的语文教师。她的教学才华、教育理念和人格魅力让她成为学生心中的楷模和导师。通过这篇文章，我表达了对刘老师的敬意和感激之情，深信她将继续在教育事业中播撒希望，培养更多优秀的学子。语文教学对实现中华民族伟大复兴和国家理想起着积极作用。学好语文是建立民族自信的重要过程。一方面，作为年轻人，我为实现民族理想而努力，另一方面，祝福未来的青年人——现在的小学生。希望刘老师能继续在小学教育中发光发热，为祖国培养下一代人才。

感恩一路有您

邝小林

尊敬的刘老师：

您好！

转眼，女儿嘉怡就要小学毕业了。很庆幸，孩子遇到了您这位性格开朗、教学功底扎实、别具一格的老师。在您的悉心培养和教育下，女儿无论从个人素养，还是语文这门专业课的基础知识，都得到了极大的提高。

您教育学生先要学会做人，这也是当今社会比较突出的问题。现在的孩子大多娇生惯养，自以为是，缺乏爱心，抗挫能力差，受不得委屈。我女儿在这些方面也较为突出。几年来，您一直与我们沟通，强调家庭与学校的互动，来共同培养教育，使我们家长比较有针对性地教育孩子。女儿有事会跟我们讨论，我们也会提出适当方法，双方无隔阂。您经常与孩子交心，说起来简单，要做到克服身份、年龄、个人差异等问题才能做到。您言传身教、正面引导、身体力行。女儿跟我说：您生长在一个贫穷偏远的小山村，通过刻苦、努力考上了师范学校，当上了人民教师，这就是知识改变命运，您从小就帮家里干农活，做家务，学会了承担家庭责任，选择什么样的人生就会成为什么样的人，这些对女儿产生了深远的影响。

在语文专业知识培养方面，您用近20年的教育经验和总结出来的方法教育学生，认为学好语文是学好其他课程的基础，而大量阅读是学好语文、写好作文的根本。我们按您的建议经常去书店、网店购买各类书籍，女儿抽空进行阅读和做读书笔记。一分耕耘一分收获，女儿的语文成绩一直稳步向前，其他课程也同步提高，特别是作文，获得了省、市、县举办的作文大赛和现场作文大赛的一、二等奖，极大地提高了她的学习热情。

女儿和她的同学称呼您"老刘""刘妈妈"，体现出人类灵魂工程师的博爱情怀。感谢您对我孩子的关爱与呵护，祝愿老师桃李满天下，工作顺利，家庭幸福！孩子的明天正因为有您的教育而一片光明！

九十班学生家长：邝小林

2015 年 5 月 27 日

您是孩子成长路上的一盏灯

段大毛

尊敬的老刘（跟我女儿一样叫您，特别亲切）：

您好！我是段凯圆的爸爸段大毛。在这个特殊的日子里，我很想跟您聊聊天。感谢您一直以来对我女儿的教育、培养、关心与爱护，您辛苦了！因为有您，才有我女儿好学上进、积极向善、独立自主的良好品质。我作为家长满心欢喜，十分感恩！

我女儿好幸运，在 131 班这个优秀的班集体里学习，碰到了用智慧来管理班级和关爱学生的老刘，我们曾经批评女儿，"老师怎么能叫'老刘'呢，太不尊重老师呀！"女儿自豪地说："这是老刘给我们的特权。"在老刘的教育下，凯圆好学上进。她在宜章九中 2103 班读初二了，学习成绩在班级始终排名前列，2021

年和 2022 年分别被评为"学习标兵"，2021 年被评为"优秀班干部"。这些成绩的取得，得益于您的耐心教育，为后来的学习打下了坚实的基础。女儿常说，"我的学习兴趣和方法，是老刘教的，当时有点烦，现在好感激。"女儿刚到三完小，学习不够上心，上课爱讲话、精力不集中。家长没办法，只能干着急。是您教管有方，爱生如子。您的课声情并茂、幽默风趣，很有亲和力。您独到的教学方法，让女儿在课文理解和语言表达能力方面有了很大的提高：2018 年 11 月在宜章第五届舞台情景剧大赛中获三等奖；2019 年 12 月参加"全国小学语文儿童阅读推广活动"中获二等奖；2021 年 6 月参加"湖南省第十六届中小学校园文学大赛"的作文《劳动让生活更美好》荣获小学年级组一等奖。您善于管理班级，学习气氛浓厚，您耐心引导、适时鼓励、寓教于乐的方式方法，让孩子学有所成、学有所乐。宜章三完小的读书生活，让我女儿养成了"我要学、争优秀"的好习惯，至今保持着好学上进、品学兼优的积极劲头。

您重视思想教育，她积极向善。老师是孩子成长的引路人，是人类灵魂的工程师。您特别加强文学艺术素养和思想道德情操的培养，让孩子小小的心灵有了"爱"的熏陶与"善"的构建。您特别注重孩子的感受，了解孩子内心真正的想法。对成绩较差的孩子的不良行为，用心、用情、用爱去教育、感化、温暖。您用正能量培育孩子向上向善的品质，我女儿于 2019 年 11 月被"聘请"为 131 班"终身教授"，于 2021 年 3 月被评为"学霸"。她现在爱心满满，不乱扔垃圾，尊重清洁工人的劳动成果，主动帮助行动不便的老人，辅导邻里小孩完成作业，亲近大自然，爱护动植物……我们感受到了女儿的善良与爱。

因为您的教育，她学会了独立自主。家长会上，听您发言，我也成了一个学生，我也受到教育和启发。孩子需要成长，家长同样需要成长，才能成为孩子的好榜样。刘老师经常深入学生家庭，靠前做工作，及时了解彼此的想法和需求，真正实现家庭、学校、社会三结合教育，有力促进了学生、家长、老师的相互沟通、配合与理解。您拓展课外训练，利用周末、节假日开展社会实践活动，组织孩子走出去体验不一样的新时代农村生活，在劳动中强化"爱劳动、爱生活"的意识，增强学生的体能锻炼，让家长、学生、老师在互动中感受协同的重要性，提高了孩子的动手实践能力和独立自主能力。

我认为，最好的学校教育，莫过于把学生们培养成生活中的强者，拥有强健的体魄、智慧的头脑和自强不息的精神，刘老师就是这种教育的实践者、奋斗者和引领者！

祝刘老师教师节快乐！身体健康！工作顺利！

131 班家长：段大毛
2022 年 9 月 10 日

人生最美的遇见

周　辉

尊敬的"老刘"：

您好，我是周钰翀的家长。家长会上，我真正地认识了您，您让我感悟到做一名家长的责任，让我感受到做一名进步学生家长的愉悦，更让我感触到您教书育人的人格魅力。非常感谢您对钰翀的悉心教育和照顾，有您的谆谆教导，孩子才能在快乐中认真学习，在学习中健康成长；也非常感谢您对我们家长的耐心指导和帮助，有您的殷殷似友亲，我们这些新手爸妈才能和孩子们温馨相处共同进步。钰翀常常说，遇上您这么优秀的老师他满心欢喜，作为他的家长，我不得不说，我的孩子遇见您这么优秀的老师，是他的福气。

我很感激您的独具慧眼、因材施教。俗话说，每个孩子都是独一无二的，最好的教育便是帮助孩子长成自己的模样。我清楚地知道，孩子是一个学习力不强，专注力不够，自信心缺失的人，所以，他的成绩在班里并不拔尖。看到他越来越善良勇敢、自信乐观、积极向上的变化，我们很欣慰。我知道您是一个善于引导、善于发现，因材施教的好老师。您说你们班的学生都很"懒"，我的孩子更是懒中极品，老师布置的他做，不是老师布置的，多说无益。您推荐一些他爱看的书籍，采取灵活多样的活动，让孩子讲故事、谈观后感或参加作文比赛，丰富了孩子的知识积累；您看上他的活泼，鼓励他多上台展现自己，您让钰翀作为进步学生代表总结讲评班级半年的学习情况，还让我作为家长代表谈心得体会，让钰翀从学习进步中体会学习的乐趣，也让家长感受孩子进步的喜悦。您寓教于乐，将课本知识和课外实践相结合，让他在玩中学、学中玩，不断提高自己的学习能力、实践能力。

我很感激您的善启心灵、育人做事。著名教育工作者李金初曾说过："教育应当以人生为中心，教人做人、教人做事、教人生活。"这句话在您的教育事业上贯穿始终。您可能不知道，钰翀简直就是您的代言人，常常三句不离"我们老刘说"。要是父亲没有及时兑现承诺，他说："老刘说我们做人要诚实守信，不能言而无信。"在谈及该与什么同学交往时，他说："老刘说与人交往要择其善者而从之，择其不善者而改之。"母亲嫌他做事不够利落，他说："老刘说我们做事要认真、要有始有终。"您给每个学生发"定制版"《每日名言警句》，无不透露着您对孩子为人处事的教导和潜移默化的熏陶，让孩子们在读书中体会做人做事的真谛和哲理。这些"老刘说"和"名言警句"，散发出您的言传身教光芒和育人成才的教育心得。是您在不知不觉中影响和改变着孩子，让孩子逐渐变得独立自主、诚实守信和坚毅果敢。在您的教育下，钰翀身上的缺点不断地在减少，他的优点不停地在发光，有您这样一盏明灯，钰翀不一定成为国之栋梁，但绝不会误入歧途，三观必定很正。

我很感激您的无怨无悔、温柔关心。如果说您仅仅是一位老师，那是万万不够的。您是孩子最美的"妈妈"。不得不承认，我们常常失职，是您替我们承担起责任，填补上我们的失位：变天了，您会温馨提示孩子记得加减衣服裤子；是您无偿地替我们照看孩子，辅导孩子作业；是您找孩子谈心谈话，做好心理疏导……在您的努力下，我们才能真正建构家庭、学校、社区"三位一体"的教育网络体系，形成教育强大合力，让孩子更好地成长。

"冷遇见暖，才有了雨；冬遇见春，才有了岁月；天遇见地，才有了永恒；人遇见人，才有了生命。"刘老师，从这个意义上说，我们遇见了您，就等于遇见了美好，就等于遇见了未来。师者如光，微以致远，千言万语，不胜感激。感谢您对我们和孩子一路的默默陪伴守望，感谢您成为我们和孩子生命中最美的一道风景线，感谢有您！真诚地祝您身体健康、阖家幸福、工作顺利，祝您桃李满天下，芬芳传万千！

学生家长：周辉

2022 年 6 月 14 日

后 记

　　诗心兰韵，为"语"而生。走出宜章莽莽群山，自师范毕业至今，在语文教学的沃土里耕耘30载，把心、把情、把汗水洒在了我所钟爱的语文教学上，洒在了我所喜欢的孩子们身上，我真正感受到了教语文之快乐，见证了孩子们成长之幸福！故而常叹：来世还做语文人。

　　"爱"为我育人之基点。因为我来自农村，经过农村艰苦生活之洗礼，深知知识会改变一个孩子的命运，因此在当班主任期间，我总会把我的爱倾注在学生身上，与学生建立起特别和谐的师生关系，在孩子们的眼中，我是他们永远的"老刘""刘妈妈"，在孩子们的口中、心中、作文的字里行间，都能看到我广以施爱的影子，我与孩子们有着许多感人而又暖心的故事，一直觉得弥足珍贵。"爱"真是世间最美好的字眼，温润如玉，暖若春风。深以为然。

　　"实"为我教学之重点。语文教学以培养学生的语文素养为最终目标，我遵循的原则是"实实在在教语文"，因为虚幻的花架子不会有好的成效。每一堂课，从语文知识点的落实，到学生能力的形成，全融入课堂教学的每个环节，让学生学有所获。"古诗词教学""整本书阅读教学""作文教学""语文综合实践活动""思政教育在语文课堂中的落实"，在完成课本教学的基础上，探索根据书本拓展板块式教学，让学生学一类型文章，会写这一类型的文章，真正让学生形成"学以致用"知识迁移能力。教学的探索与实践是艰辛的，却也是快乐的，因为我总能在教学中发现更多的适合学生的新的教育方法，也因此有了更多的感悟，而这些感悟成了我的"教学随笔"，记录着每一次教与学的成长瞬间。

"勤"为指导新秀之生长点。经过历练，觉得自己收获了不少实践经验，对于一个老师范生而言，有责任和义务把自己的所得、所悟分享给年轻一辈老师，指引他们教学语文前行的路上不迷茫。于是，我开启了指导青年教师之路。面对自己学校的年轻老师，通过集体备课大赛，青年教师教学比武，教学开放日活动，以活动为契机，一对一实时指导他们；面对全县的青年教师，以小学语文工作室主持人之身份，开展"习作策略单元""口语交际教学""六年级复习研讨"等研讨活动，引导年轻老师听课、议课、反思，一大批青年教师在工作室开展的活动中迅速成长，我与青年教师也因此有了太多的成长故事。

此书只是我这个平凡小语人的一些教学行思录，其实还有很多感悟，因时间匆忙，没有及时收录其中。书中如有不妥之处，敬请方家指正。

刘诗兰

2023 年 7 月